JESÚS & EL COACHING

UNA VISIÓN BÍBLICA

CLAUDIA GONZÁLEZ

Para otros materiales, visítanos en:
EditorialGuipil.com

Publicado por **Editorial Güipil**
Miami, FL - Winston-Salem, NC. Estados Unidos de América

Editorial Güipil

Editorial Güipil. Primera edición 2023
www.EditorialGuipil.com
ISBN: 978-1-953689-74-0

Categoría: Vida práctica / Inspiración

Dedicatoria

A mi familia y amigos que confiaron en mí para llevar adelante este proyecto, que me escucharon con paciencia y entusiasmo.

A ti, amiga, que tienes en tus manos este libro, que acepta ser desafiada a crecer, a ensanchar sus posibilidades y destrezas. Oro para que esto sea así.

A quienes se esfuerzan cada día para visualizar su objetivo y alcanzarlo. Gracias por permitirme estar junto a ustedes en esta nueva etapa.

Agradecimientos

Casi no puedo creer que este libro, que comenzó solo como un proyecto, haya ido tomando forma al punto que tú lo tengas en sus manos. Escribir un libro es un arduo trabajo que precisa investigación y esfuerzo; se requieren horas de tiempo, un espacio apropiado y una gran dedicación llena de pasión por lo que se hace.

Hoy mi corazón está agradecido ya que, desde que comencé con este proyecto hasta el punto final de lo que pretendo comunicar, muchas personas me acompañaron y son importante en el desarrollo de este libro. Sin ellas, nada de lo que he hecho sería posible. Así que mis agradecimientos a ellas.

Mi esposo, Paulo Carlos, quien además de comprender los tiempos requeridos para escribir o pensar, siempre creyó en mí y me alentó todo el tiempo; con su corazón grande y generoso me permitió e impulsó a llevar adelante este libro. Mis hijos, Joana y Máximo, quienes son ese motor constante que me impulsa a superarme y correr a la próxima meta con entusiasmo, aunque a veces no entienden por qué lo hago. Amigos que me apoyaron, oraron y creyeron en mí. Mi amiga, mentora y compañera de oración: Aurora Carreño, ¡gracias! Mis palabras quedan cortas para usted. ¡Usted es única! Siempre a mi lado brindando sabiduría y fuerza. Mi mentora Xiomara Hamilton, quien me acompañó y apoyó durante mi proceso de licenciatura de coach, siempre con entusiasmo y palabras de ánimo para que llegara a la meta con éxito y quien tuvo en sus manos mi primer borrador. Rebeca Segebre, aquella mujer valiosa que Dios puso en mi camino y quien me guió para afinar el trabajo y permitir que yo misma sea transformada a medida que el libro se organizaba.

A Editorial Güipil y todo su equipo, gracias por permitirme ser parte de ustedes y creer que este libro puede ayudar a cambiar vidas.

Exalto, ante todo, la obra que Cristo ha hecho en mí en estos últimos tiempos, quien se encargó de levantarme y poner en mi corazón el querer como el hacer. Él se ha convertido en mi motivo principal de escribir lo que fluye de mi corazón. Toda la gloria a Jesucristo mi salvador. El único que tiene palabras de vida eterna (Juan 6:68).

Contenido

Capítulo 6

Capítulo 7

Prólogo

JESÚS Y EL COACHING

Con gusto presento este precioso y útil libro escrito por una mujer latinoamericana, amiga y compañera del seminario bíblico en EEUU, a quien aprecio en gran manera: Claudia González.

Cuando me pidió que escribiera el prólogo de esta bella y útil obra, me invadió un sentimiento de alegría pues es un gusto hacerte la invitación a leer este ameno, agradable y sencillo relato que nos lleva a descubrir el coaching y la importancia que tiene para nuestra vida.

Es un tema últimamente muy trillado, para algunos escasamente ha pasado de largo y no se han detenido a analizar lo importante y efectivo que es ayudar a las personas a potencializar su ser y a la vez a descubrir cómo ayudar a otros a conocer el poder que hay en su interior y orientarlo para que se libere de sus limitantes y descubra esa potencialidad que lo llevará al éxito. También nos ayuda a entender la necesidad de tener un coach en el camino de nuestra vida, quien será nuestro guía y maestro, quien a través de estrategias sencillas nos ayudará a encontrarnos a nosotros mismos y los maravillosos tesoros que por eventos que nos han ocurrido, no los podemos descubrir nosotros solos.

Este escrito es para ti, amigo lector. Claudia reservó una página al final de cada capítulo para que seas el coautor y escribas los hallazgos que vas descubriendo a medida que avanzas y pones tu sello personal en cada paso. ¡Adelante, amiga! Eso sí, ten en cuenta al maestro más importante de todos los tiempos: Jesús.

Dilma Aurora Carreño F.
Ministro del evangelio.
Colombia

Introducción

Tiempo atrás estudié una licenciatura de *coaching* con la intención de tener mejores herramientas para ayudar a las personas. Algo que ciertamente disfruto hacer. A medida que avanzaba en el propósito me daba cuenta de todo lo que podría ayudarme este aprendizaje; entenderme mejor y conocerme era fundamental en este proceso. Después pude entender mejor a las personas y de esta manera dirigirlas, alentarlas y desafiarlas para que alcancen su máximo potencial.

Sin embargo, a medida que mi entusiasmo crecía, me encontraba con preguntas que surgían tocante a la fe, algunos prejuicios sobre el *coaching* y cómo se lo confunde con otras profesiones. Estos pensamientos de conocidos, amigos y curiosos, fueron de mucha ayuda para mí, ya que me inspiró a buscar la forma de explicarlo con simpleza y así nació este escrito. De eso es de lo que te quiero conversar en este libro *Jesús y el coaching: una visión bíblica.*

Te presento un enfoque bíblico y los beneficios que puede surgir de tener un *coach* a tu lado. Para que esta lectura sea más divertida y amena, te propongo que pienses que estamos conversando. Debes ponerte cómoda, preparar un café, una taza de té o tal vez prefieras un refresco. De esta manera podremos sumergirnos en esta aventura tan emocionante del *coaching*, aclarar dudas y comenzar a trazarte metas, y lo mejor de todo: notar que puedes alcanzar esas metas. Sí, lo harás. Ya verás.

Al final de cada capítulo tendrás un pequeño resumen, de esta forma podrás meditar en las preguntas y desafíos que en una hoja de trabajo incluí para que comencemos juntas. Estaré en cada paso que des para animarte, acompañarte y desafiarte. Sí, festejamos juntas cada logro.

¡Comencemos!

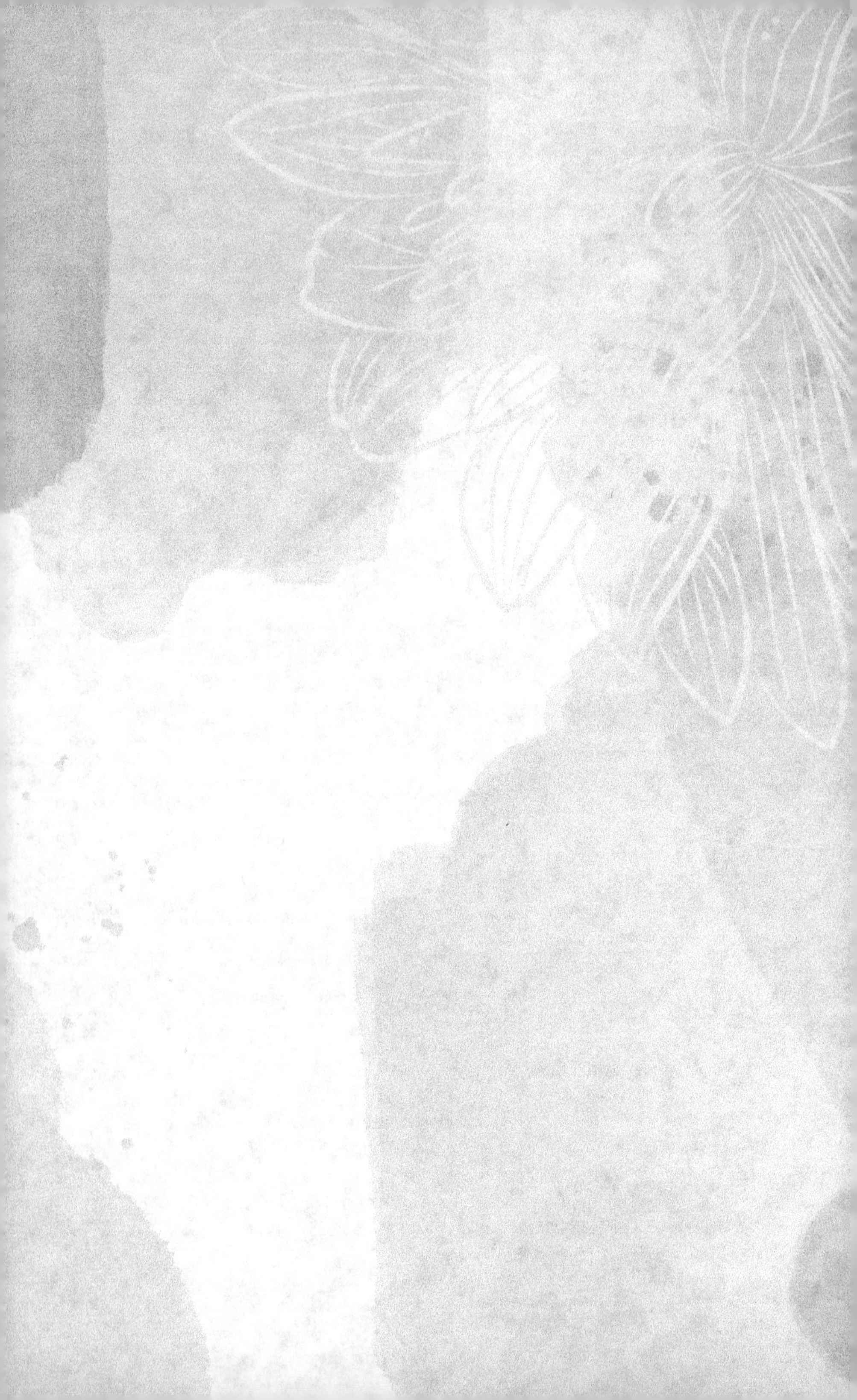

1
DEJA QUE TE CUENTE QUÉ ES EL COACHING

«Los *coaches* no necesitan saber todas las respuestas,
solo necesitan saber cómo ayudar a la gente a encontrarlas.»
Robert Logan

Hay mucho valor si aprendemos de las personas; a medida que pasamos tiempo con ellas se puede reconocer las necesidades que tienen al mirar sus rostros o escuchar sus historias. Comparto bastante tiempo con ellas y muchas veces puedo leer la necesidad en sus miradas, sus gestos o darme cuenta de su confusión mientras los estoy escuchando u observando. Mi mayor deseo es ayudarlos a encontrar una salida y me voy percatando que la principal ayuda que les puedo brindar comienza al escucharlos. Es por esto, como dice Robert Logan: «Los *coaches* no necesitan saber todas las respuestas.»

Amiga, si ya tienes tu taza en mano y le has puesto suficiente café o té, entremos de lleno en el tema. Ponte cómoda y permite que te cuente qué es un *coach* y así podrás entender por ti misma por qué digo que no necesitamos tener todas las respuestas.

PROFESIONES DIFERENTES PARA NECESIDADES DIFERENTES

Será productivo traer claridad a ciertas palabras y profesiones que, aunque pueden compartir una misma meta —que es el bien de la persona que están atendiendo—, son diferentes la una de la otra y no debemos de confundirlas con el *coaching.*

1- El psicólogo: Profesional preparado para investigar y evaluar ciertos comportamientos de un sujeto.

2- Psiquiatra: Es una rama de la medicina que se encarga de estudiar, evaluar para traer un diagnóstico y el tratamiento apropiado para la prevención o mejora de trastornos mentales. Ellos también están preparados para ocuparse del tratamiento de las adicciones.

3- Mentor: Aquella persona que te aconsejará, guiará de acuerdo con su propia experiencia; te comparte los resultados que ha tenido para que puedas recibir ayuda y enriquecerte de ellos.

Cada una de estas profesiones son importantes y necesarias, pueden tener algunas características parecidas o iguales; pero cada una nos ayudará en un área específica ya que estos profesionales se educaron para esto.

El *coach* es esa persona que se preparó para algo específico y tiene las herramientas que te iré mencionando a medida que avancen los capítulos. Para ayudarte, él caminará a tu lado, te llevará a soñar; y a través de esas imágenes que para ti son inalcanzables, con él comenzarán a cobrar forma. El *coach* es aquel que te llevará de la zona actual al lugar que realmente quieres estar, te desafiará, te ayudará a encontrar las respuestas por ti mismo. Esto quiere decir que él no hará el trabajo por ti ni te estará diciendo lo que tienes que hacer, más bien te ayudará a observar las distintas opciones y sus resultados, te empujará a hacerlo y te preguntará cómo te sentiste cuando diste ese paso que tenías que dar. A través de esta dinámica podrás elegir la mejor decisión.

Cuando viajaba en autobús y no estaba segura cuál tomar, entonces le preguntaba a alguna persona amigable que veía cerca y ella me daba las distintas opciones que había para llegar a mi destino. Me explicaba qué calles tomaba uno y qué calles el otro, esto me hacía ir pensando en cuál era el recorrido más seguro, rápido y con menos complicaciones. En definitiva, el transeúnte me daba las alternativas y yo decidía. Esto mismo hará el *coach*. Él estará a tu lado y se deleitará contigo al ver que alcanzas la meta deseada.

Antes de continuar con las características del *coach*, preferiría, ya que este es un libro que habla del tema desde la perspectiva bíblica, aclarar que no encontrarás estas palabras en la Biblia, lo que sí encontrarás serán ejemplos de lo que significa un *coach* o entrenador con valores cristianos. Por esta razón, te estaré presentando distintas cualidades del *coach* a la luz de la Biblia, con ejemplos de personas que tuvieron estas características: Compasión, tener un buen oído para escuchar, aprender a preguntar, ser un compañero de camino, aquel que te desafía a avanzar, aquel que se contenta contigo cuando lo logras, y más.

EL COACH: ESA PERSONA QUE DIOS USA

El *coach* es esa persona que Dios usa para que otros puedan verse con los ojos de Dios. En Mateo 23:25-26, Jesús hace una advertencia bien fuerte a los escribas y fariseos. Aunque no quiero profundizar en lo que Jesús enseñaba en ese momento, este pasaje es útil para ver que Jesús compara nuestras vidas con un vaso, una vasija, algo que contiene algo grande e importante: nuestra alma, nuestro ser interno. Él nos dice que necesitamos trabajar con lo de adentro nuestro, no con las apariencias. Por eso decimos que el *coaching* trabaja desde el ser y por esto es un proceso espiritual, ya que no solo te darás cuenta quién eres sino de quién eres.

En el centro de nuestra alma es donde se producen las intenciones que se convierten en acciones. Por eso, cuando me refiero a *coaching* basado en las Escrituras, no me estoy refiriendo a simplemente cambiar de hábitos y rutinas de forma superficial, ya que eso no te servirá a largo plazo, sino a una transformación que nos anime a explorar el ser interior. Ahí es cuando permitimos que Dios tome lo que nosotros le ofrecemos y Él lo transforma para Su gloria. En el rendimiento ante el Soberano hay victoria.

Puedo imaginar que ya estarás entendiendo por qué puede ser tan valioso tener un *coach*; por favor, entiéndeme bien, Dios usa personas para nuestro crecimiento, desarrollo y alcanzar nuestro máximo potencial, encontrar al adecuado es nuestra responsabilidad. Este *coach* te ayudará a ver cuáles son los hábitos que te están impidiendo tu crecimiento, cuáles son los miedos arraigados, las excusas que pones a diario. Proverbios 27:17 dice: «Hierro con hierro se aguza; y así el hombre aguza el rostro de su amigo». Este pasaje es una evidencia que necesitamos esa relación de confianza, pero también de desafío; confianza y desafío dos de las características que tendrá tu *coach*. Las palabras del sabio son una prueba que existe una riqueza cuando nos vinculamos con personas buenas, sabias, arraigadas en las verdades bíblicas. De esta manera puede ayudarnos a ver nuestras ideas con mayor claridad, a alisar aquellas áreas que parecen escombros. El *coach* tendrá que balancear la verdad con la gracia de la misma manera que lo hizo Jesús. «Aquel que es la Palabra habito entre nosotros y fue como uno de nosotros. Vimos el poder que le pertenece como Hijo único de Dios, pues nos ha mostrado todo el amor y toda la verdad.» Juan 1:14

Amiga, te animo a que hagas un alto y eleves esta corta oración conmigo:

Dios, dame un corazón abierto y humilde para responder a la dirección de tu Espíritu Santo y ver a mi *coach* como esa persona que Tú has puesto a mi lado para mi crecimiento y desarrollar todo mi potencial. Amén.

Ya tenemos tres palabras claves que estarás viendo en toda nuestra conversación. El *coach* es ese entrenador, el que camina al lado. El *coaching* es el proceso de acompañamiento mediante el cual dicho profesional acompañará a su *coachee*. El *coachee* o cliente es aquel con quien el *coach* estará trabajando para que este encuentre su máximo potencial.

Habrás notado que el título de este libro es *Jesús y el coaching*: un enfoque bíblico, por lo que estaré hablando de un *coach* centrado en Dios, que es el único que tiene el poder de cambiar y transformar vidas. El *coaching* hará que no nos quedemos en la superficie sino que profundicemos en cualquier área de estancamiento o aquellas que queremos mejorar. Eso sí, una a la vez.

¿DÓNDE COMENZÓ EL COACHING?

El *coaching* no es algo nuevo, es probable que estes más familiarizada con esta palabra en el ambiente deportivo ya que el *coaching* se puede usar en distintos ámbitos. Hay *coach* deportivo, financiero, nutricional, empresarial, de vida, siendo este último en el que me capacité. También encontrarás que hay *coach* individual e incluso grupal. El *coach* es ese entrenador que ayuda a su cliente a desarrollar su mayor potencial, así como a ponerse metas razonables y claras.

El *coaching* remonta a tiempos antiguos, fue usado por los más grandes pensadores y filósofos por lo productivo y útil que resultaba. Al intentar entender un poco la palabra *coach* y saber sus comienzos, te cuento una historia interesante que remonta al siglo XV y XVI en una ciudad húngara llamada Kocs. La ciudad comenzó a ser muy conocida porque distintos carruajes pasaban por ella: era una parada obligatoria para todos los que viajaban de Viena y Pest. Dada las circunstancias, los habitantes comenzaron a construir vehículos tirados por caballos, pero con un sistema de suspensión nuevo y mucho más moderno para la época. Estos se destacaban por su comodidad y comenzaron a conocerse como un símbolo de excelencia. Al contarte un poco de historia lo que pretendo es que te ayude a comprender la relación entre estos coches de la época y el *coach*. Ya que el *coaching* también estará transportando a la persona, de la zona en donde se encuentra, al lugar donde anhela llegar.

El *coaching* es una relación, no es algo frío o distante. En la relación debe permanecer la confianza, el apoyo, la comprensión por el otro, unión y compromiso para trabajar juntos en una misión. El *coach* será un observador, alguien que te mirará con empatía; es importante que logres tener una conexión y confianza. Algo no menos importante que debes de saber es que habrá ocasiones en donde te sentirás incómoda en el proceso, tal vez hasta te enfadarás; tranquila, esto es parte del proceso. Ciertamente cuando nos enfrentamos a nosotras mismas y comenzamos a ver esas áreas ciegas que solas no vemos, habrá un fastidio; pero será uno que nos ayudará a dar esos pasos que no nos atrevíamos. Si observas en la relación que Jesús mantenía con las personas, notarás que era una relación de confianza, de desafío, humana y personal. Al ratito entraremos juntas en algunas de estas historias.

EL COACH TIENE UN PAPEL IMPORTANTE

1- Se encargará de mostrarte el camino en donde estás, que lo veas con claridad, tú misma.

2- Te mostrará distintas alternativas que te permitirán ver varias direcciones; tú elegirás en qué dirección quieres ir.

3- Te ayudará a permanecer en el camino que elegiste. ¿Por qué? Porque con mayor facilidad de lo que crees estarás tentada a volver a tu lugar de la rutina, tu espacio seguro, donde ya conoces lo que haces, aunque estés insatisfecho.

JESÚS, CARACTERÍSTICAS DE COACH

Considera la siguiente historia de Jesús y Pedro que te ayudará a identificar las cualidades del *coach* que mencioné en las líneas anteriores. En el evangelio de Lucas 5:1-11 se narra una de las tantas historias de Jesús, en ella se pueden encontrar aspectos teológicos interesantes; pero en esta ocasión solo me voy a detener en la actitud de Jesús y en las cualidades que nos pueden ser útiles ahora. Te animo a tomar tu Biblia y mientras la lees, ir marcando los aspectos que sobresalen de un *coach*. La historia aquí nos cuenta que la población realmente quería escuchar a Jesús; y Él, mientras los pescadores estaban limpiando sus redes, se subió a la barca y se puso a enseñar a la multitud. Sin embargo, esto no hizo que Jesús fuera ajeno al estado de frustración que estaba teniendo Pedro, ya que después de trabajar toda la noche, nada había obtenido. Allí es cuando le indica a Pedro que vuelva a ir mar adentro y así lograría la pesca anhelada. El discípulo le recordó que él ya había hecho su trabajo; sin embargo, aceptó el desafío. Aceptar el desafío le dio a Pedro no solo una gran pesca, sino también un cambio de visión y estructura; fue una invitación a salir del lugar conocido y entrar al área de la conquista.

Podemos ver que Jesús como *coach* fue un observador, tuvo respeto por Pedro y por su trabajo. Comprendió que el pescador estaba insatisfecho con su estado actual, así que lo invitó a ir del lugar donde se encontraba al lugar en donde realmente desearía estar. Desafió a Pedro a hacer algo que ya había hecho, pero ahora lo haría con Él a su lado y con una palabra de seguridad que se le había dado: «Echad vuestras redes para pescar».

Leer esta historia de Jesús nos permite entender de la relación *coach-coachee*, ya que no siempre es fácil hacer lo que su *coach* muestra, ¿o acaso piensas que a Pedro le resultó sencillo? No, él incluso le dijo: «¡Maestro, toda la noche lo hicimos!» Cambiar la forma de hacerlo es todo un desafío, e incluso luchar con pensamientos limitantes que nos llevan a seguir en el estado actual de estancamiento.

Mientras vas leyendo estas historias quiero invitarte a que comiences a pensar en ti y cuáles son las áreas en que un *coach* podría ayudarte a salir de tu zona y comenzar a conquistar nuevos territorios. Por cierto, si no sabes cuáles son las zonas que necesitas trabajar, también puedo ayudarte a evaluarlas.

FRUSTRADA COMO PEDRO

Al igual que Pedro, me sentí desafiada a hacer algo que ya había hecho, pero con ese *coach* al lado podía obtener resultados diferentes.

Te voy a contar mi historia.

Me encontraba en un momento en mi vida espiritual que la sentía estancada, estaba como Pedro. Hacía todo mi trabajo, pero algo no estaba dando fruto, y la frustración amenazaba con apoderarse de mí. Recuerdo una mañana en la que estaba «limpiando mis redes» mientras mi *coach* me observaba, hasta que comencé a hablar. Le describí mi situación, mientras ella me escuchaba con compasión, respeto y confianza. Luego que le expresé que, aunque estaba orando, me estaba costando, y ni hablar del ayuno, eso no podía hacerlo. Ella me hizo ver el estado espiritual en donde me encontraba por medio de preguntas y hasta me repetía lo que yo misma decía para que me diera cuenta cómo era que había llegado allí. Después hizo que visualizara el lugar en donde podía y quería estar. Sin embargo, para esto habría que hacer cambios, habría que cambiar la perspectiva y ella estaría a mi lado en este proceso, ella sería mi *coach*. Ese mismo día pusimos un horario y días para salir del pozo y que mis pies estuvieran en tierra firme.

«Puso mis pies sobre peña, y enderezó mis pasos.» Salmos 40:2

Te confieso algo, no me sentí entusiasmada, me sentí molesta. ¿Cómo se atrevía a hacerme tal desafío? Incluso pensé en dar algunas excusas para decir que no podía. Sin embargo, estoy tan agradecida por esta mujer que Dios puso a mi lado para salir de mi estado de derrota y comenzar a ver la luz. Observa qué preciosa descripción del proceso que tuve que da con claridad este mismo texto en la Nueva Traducción Viviente (NTV):

«Me sacó del foso de la desesperación, del lodo y del fango. Puso mis pies sobre suelo firme y a medida que yo caminaba, me estabilizó.»

¡Aleluya! Mira, mi querida amiga, esto fue un proceso donde Dios usó a alguien, ya que Él hace estas cosas a través de otras personas. ¿Observas qué precioso? Así me sentí yo, que Dios me sacó de ese lugar en donde me encontraba, me limpió y me fue dando firmeza y estabilidad mientras comenzaba a caminar.

Tal vez estés pensando que esto puede ser algo difícil para ti y puedo decir que sí es difícil, no te voy a engañar: a mí me costó; pero piensa que la satisfacción que obtendrás a medida que vas dando esos pequeños pasos será inmensa. Estaré a tu lado para identificar esa área a cambiar, si todavía no lo terminas de ver o si ya sabes cuál es, para trabajar en tu superación y alcance de metas.

CONCLUSIÓN

En este capítulo te expliqué qué es el *coaching* y las características que el *coach* cristiano debe tener. Te ayudé a comprender la diferencia entre varias profesiones que a veces por desconocimiento se las puede confundir.

Ya que hay características de *coach* en la vida de Jesús, lo observamos en una historia bíblica y en algunos pasajes más de las Escrituras. De esta manera te darás cuenta de qué es lo que necesitas buscar en tu *coach*. Espero que mi historia personal te haya servido para darte cuenta cómo un *coach* nos puede ayudar a ser modelados a la imagen de Dios.

Finalmente, te animo a mirar cuál es el área en donde podrías salir beneficiada si contaras con un *coach* a tu lado.

HAZLO PERSONAL

Esta parte está para hacer de esta conversación algo más cercano y práctico, así que toma algunos minutos para reflexionar en ella antes de continuar.

1- ¿Identificaste un área donde consideras que estás estancada?

....

....

....

....

2- ¿Dónde te encuentras ahora? ¿Dónde quisieras estar?

....

....

....

....

3- ¿Un *coach* podría ayudarte a desarrollar tu potencial?

....

....

....

....

2
¿QUIÉN SOY?

«Mi alma esta inquieta hasta que descanse en ti, Señor.»
San Agustín.

Piensa en alguna película, telenovela o serie en donde la trama se puso difícil y había una especie de guerra entre un personaje y la protagonista, aunque ella protagonista no estaba enterada. La protagonista era muy carismática, dulce y segura de sí misma; hacía lo que le fascinaba y tenía planes a futuro. Sin embargo, el otro personaje, que muy probablemente sería una hermana, una prima o hasta una amiga, invertía toda su energía y tiempo en querer ser como la protagonista. Mientras todo esto se va desarrollando, la protagonista heroína no entiende lo que pasa y mantiene su esencia de ser; sin embargo, la otra que lucha por querer ser y tener lo que la protagonista tiene. Cada vez se desvirtúa más, de a poco se transforma en alguien irreconocible; y lejos de ser querida, comienza a ser odiada.

¿Has visto esto alguna vez? Seguro que sí, yo también lo vi y no solo en las películas, sino en la vida real. Es probable que al crecer y empezar a hacerte distintas preguntas sobre el lugar que ocupas, quién eres realmente, todo se vería más afectado por ser criado a la sombra de algún hermano o conocido que parecía contar con todos los talentos que se le pudieron dar. Esto generó una obligación a superar a esa persona o por lo menos a ser igual a ella.

Espero que esta no haya sido necesariamente tu historia; sin embargo, si te identificas con algo de esto o fuiste afectada por estas vivencias, en este capítulo encontraremos una mejor solución para no terminar como la actriz de la película en la que meditábamos recientemente.

Confío en que estás comprendiendo mi planteamiento que nos llevará a desenredar este tema de identidad. Mientras no nos enfoquemos en contestarnos la pregunta: «¿Quién soy?» y profundizar en esa verdad; como dice San Agustín: «Nuestra alma andará inquieta», nuestro enfoque estará en el lugar equivocado y nos sentiremos insatisfechos y vacíos. Sabes, la identidad es un tema central. Al enfrentar esta pregunta con tu coach se dejarán ver tus creencias arraigadas. La mayoría de las personas lucha con esto y contestan en función de lo que hacen, donde nacieron o lo que otros le dijeron que son. Ciertamente todo esto no está en si mal, ya que es parte de nosotros; sin embargo, nuestra identidad no radica allí.

ENTONCES ¿CÓMO DESCUBRO MI IDENTIDAD?

En primer lugar, entendemos la identidad como lo que incluye todo lo que somos, esas mismas creencias serán las que nos impulsan a hacer lo que hacemos, decir lo que decimos e incluso pensar lo que pensamos. De acuerdo con la identidad que llevamos, nosotros actuaremos. Esto se pone interesante, ¿verdad? Entonces mira lo que dice nuestro Creador y podrás comenzar a encontrar las respuestas: «Fue así como Dios creo al ser humano tal y como es Dios. Lo creó a su semejanza. Creó al hombre y a la mujer.»[1] Entender este principio nos hace ver que somos mucho más que cualquier cosa creada y es por esto que es fundamental comprender lo dicho antes de continuar, ya que el ser a la imagen de Dios nos permite saber que esto incluye cosas asombrosas que solo le pertenecen al ser humano.

1- ERES VALIOSO:

Comprender esto nos llevará a mirar a otros con los mismos ojos que nos miramos y saber que también son valiosos. No nos pasará como a la villana de la telenovela.

2- ERES CAPAZ:

«¡Nos creaste casi igual a ti! Nos trataste como a reyes; nos diste plena autoridad sobre todo lo que hiciste; nos diste dominio sobre toda tu creación.»[2] No sé si te puedes imaginar o entender la profundidad de esto. Yo solo puedo decir: ¡Guau!, entonces no hay límites. Si aprendo a comprender quién soy, eso me llevará a descansar en Ti porque entiendo que te pertenezco.

1 Génesis 1:27 TLA
2 Salmos 8:5-6 TLA

3- SOY EMOCIONAL Y FÍSICAMENTE ÚNICA:

Visualizar estas características nos dirigirá a encontrar el valor, la plenitud y seguridad.

Es sencillo preguntar quiénes somos, aunque encontrar la respuesta es más complejo; y es con esta interrogante que el coach comenzará a trabajar contigo y te impulsará a descubrir por ti mismo cuáles son tus pensamientos, tus creencias y tus fortalezas. A veces allí vemos lo que nos está limitando, más cuando entendernos el lugar que ocupamos, el lugar que Dios nos dio, seremos transformadas y podremos disfrutar de esa metamorfosis.

Es un gran desafío permitir que otro camine a nuestro lado, normalmente se nos prepara para ser personas independientes que no necesiten del otro. Sin embargo, Dios nunca tuvo la intención de que anduviéramos solos y distantes en la vida, sino que nos complementáramos y ayudáramos mutuamente para el bien de todos. Así que mediante este proceso los coach comenzamos a ver cómo esta persona se parece cada vez más a Dios. Esto pasa a medida que el mismo se descubre y entiende su identidad.

UNA BUENA PREGUNTA REVELA LA VERDADERA IDENTIDAD

En Génesis 32:22-32 se encuentra una tremenda historia, para algunos es conocida; de todas formas, te invito a que luego la leas con detenimiento. Te la resumo un poco. El patriarca Jacob se encontraba en una encrucijada de la vida. Muchas situaciones habían pasado para él: conflictos, separaciones, dolores, mentiras y más. Esto es como la historia de la telenovela que te invitaba a pensar al principio. ¿Ya ves?, esto también es en la vida real.

Jacob tenía una oportunidad de decidir si quería dar un giro a su vida y comenzar a vivir con la identidad que le correspondía. Estos versículos describen una verdadera lucha que Jacob tuvo con el Señor, fue una noche intensa para él. Seguro que tú también has tenido una de esas noches que parece que algo grande va a pasar o que tienes que tomar una decisión y das vuelta y vuelta en la cama, te levantas, te acuestas y te vuelves a levantar. Piensas, tomas agua, miras el techo y comienzas a visualizar las primeras luces del amanecer. Eso es bueno cuando ya tienes la respuesta a tu interrogante; sin embargo, cuando todavía no hay respuesta, hay que aferrarse a algo hasta tenerla. Y eso fue lo que hizo Jacob: luchó por su respuesta y supo que su lucha traería el reconocimiento de quién era.

«Y dijo: Déjame, porque raya el alba. Y Jacob le respondió: No te dejare si no me bendices. Y el varón le dijo: ¿Cuál es tu nombre? Y él respondió Jacob.» Aquí quisiera detenerme, aunque te animo a leer la historia completa. Esta porción es valiosa para lo que te quiero explicar. Si miramos atrás en la historia, Jacob se había enfrentado con una pregunta similar años antes:

«Entonces este fue a su padre y dijo: Padre mío. E Isaac respondió, ¿Quién eres hijo mío? Y Jacob dijo a su padre: Yo soy Esaú tu primogénito…» (Génesis 27:18-19).

Ahora en esa ocasión, mientras luchaba con Dios mismo, probablemente tuvo recuerdos de cuando se enfrentó con esa pregunta en otro tiempo y cómo vivió con una identidad que no era suya. Sin embargo, en esa oportunidad si él quería esa bendición, debía responder con la verdad a la pregunta: «¿quién eres?»; y responder con verdad y confianza para poder avanzar en victoria, ser libre y auténtico.

Cada persona quiere saber cuál es su misión en la vida, quiere conocer cómo Dios le guía. Para que esto pase es necesario ser honestos, sin engaños, mentiras ni encubrimientos.

Revelar la verdad nos permite ver con claridad y más livianos. Así que un coach caminará contigo y te brindará nuevas herramientas para que veas y persigas tu objetivo. Es ahí donde podemos ver que el coaching es un proceso espiritual, ya que trabaja con lo interno de la persona. Es una técnica de acompañamiento, donde tú, como paciente o coachee, serás el responsable de hacer ese maravilloso descubrimiento, será tu responsabilidad contestar de la forma más profunda y sincera como lo hizo Jacob.

CUANDO MI IDENTIDAD DESCANSA EN MIS LOGROS

Somos responsables de permitir que nuestros logros sean los que definan nuestra identidad. Si eres una mamá excelente y creativa, estarás más propensa a definirte como mamá, ya que es allí en donde recibes los mayores aplausos. Si eres una gran atleta y recibes reconocimientos y medallas, podrías llegar a que tu identidad descanse en estos acontecimientos destacados. ¡Ahora, recuerda! Estuvimos conversando unas líneas antes que nuestra identidad no depende de lo que hacemos, logramos ni de lo que tenemos. Si fuera así, sería muy terrible ya que en un momento en que perdemos eso que nos da valor, ¡no seríamos nadie!

Escogí este pensamiento de Henri Nouwen para que meditemos juntas, espero que te anime. Lee, y si necesitas, vuelve a leer lo que él menciona:

«Algunas veces a la pregunta ¿Quién soy yo? Respondemos: <Yo soy lo que hago>. Cuando hago cosas buenas y tengo un cierto éxito en la vida, me siento bien conmigo mismo. Pero cuando fracaso, me deprimo. Y a medida que envejezco y no puedo hacer lo que anteriormente hacía, lo único que soy capaz de decir es: <Mira lo que he hecho en mi vida …; mira, mira…he hecho algo bueno>".»[3]

¡Qué pensamiento profundo y oportuno para tratar aquí! Observa que esto es lo que nos pasa a una

3 Henri Nouwen. Dirección espiritual: Sabiduría para la larga andadura de la fe (España: Editorial Sal Terrae,2019),54.

gran mayoría de personas y esto hace que, además de no conocer nuestra identidad, la identidad con la que convivimos es fluctuante. Por otro lado, si definimos nuestra identidad de acuerdo con lo que hacemos seremos propensos a desanimarnos. Esto pasa porque toda nuestra valía estaba puesta allí.

En medio de estos cambios hay una parte que es normal y entendible, ya que hay una necesidad de readaptación a la nueva vida o circunstancia; sin embargo, cuando todo nuestro ser reposa en esos valores, estaremos sin brújula. Perdimos nuestros valores, lo que nos hacía sentir seguros.

«¿Quién soy?», pregunta antigua y donde todavía intentamos encontrar la respuesta apoyados en valores, objetos, profesiones y, peor aún, hoy en medio de una sociedad que sufre constantes cambios y quiere decirte quién eres. Lo cierto es que es una verdad que debes de buscar por ti y a la luz de las palabras de tu Creador. Tampoco intentes contestar esta pregunta con lo que los demás piensan de ti, ¡no! Allí no podrás encontrar respuesta porque será una respuesta llena de distorsiones, trampas y que hasta podrán hacerte creer que eres lo que no eres.

No es mi intención que te confundas con lo que estas leyendo o pienses: «¿Entonces qué hago?» Mi intención aquí es que empieces a descubrirte, a darte cuenta. Esa identidad va a determinar cómo piensas, vives y lo que sueñas. Hay una conexión entre tus pensamientos y decisiones. Te aliento a que, mientras lees este capítulo, observes y analices cuáles son las voces que has escuchado a lo largo de tu vida. ¿Qué te han dicho esas voces?, ¿son reales? Mientras avancemos irás quitándole el velo a estas preguntas para encontrarte con la realidad de quién eres. Si tienes que dejar un ratito el libro para reflexionar, hazlo, no hay prisa; para pensar necesitamos calma. Respira, relájate y comienza a hacerte las preguntas oportunas.

CUANDO ESTUVE EN ESA TRAMPA

Es fácil caer en la trampa de creer que somos lo que hacemos o lo que tenemos, lo que logramos alcanzar. Nos acostumbramos tanto que es habitual sentir que eso es lo que realmente somos. Recuerdo cuando mi mentora me enfrentó con esta pregunta. En esa oportunidad no tuve que pensarla demasiado, estaba segura de quién era, de ser amada, única especial y entendía el propósito al que Dios me llamó. Sabía cuáles eran mis talentos y cuáles estaba escondiendo. Sin embargo, no siempre me encontré en esta situación, tuve mis tiempos en donde divagaba pensando que era esto o aquello, según el rol que desempeñara o el grado de aceptación que tuviera en alguna disciplina.

Te cuento que también necesité que se me enfrentara a preguntas que me ayudaran a desenterrar creencias falsas y remplazarlas por las verdaderas. Cada una de estas descripciones no se anclaban en mi profesión, familia o cultura: están en Dios. Créeme, entender estas verdades me permitió no solo valorar cada uno de mis dones, sino también comenzar a desenterrar aquellos que me había esforzado en guardar y ocultar. Todavía hoy necesito seguir refinando día a día mi propósito, entiendo quién soy, cómo luzco de acuerdo con mis dones y que eso mismo es lo que me hace valiosa. No trato de ser una copia, sino de ser auténtica. Eso lo voy logrando a medida que pongo mi ancla en lo más valioso y siempre fuerte y permanente Dios.

Comprender esto requiere de determinación, disciplina y también mucho valor, ya que es probable que uno tenga que ir reconociendo que también ha sido responsable de alimentar actividades o creencias dañinas. Es aquí en donde es fundamental tener al lado al coach que una necesita tener. Debemos indagar en nuestro ser interior para poder descubrir el gran potencial que tenemos.

Por favor, no pienses que lo que te estoy diciendo es que es malo aspirar a alcanzar las metas o avanzar en los proyectos. Mas bien quiero alentarte que primero puedas descubrir quién eres realmente, cuál es el valor que tienes y dónde tienes esas raíces. Al lograrlo disfrutaremos de cada logro con mayor intensidad y seguridad. No dependeremos de ese logro para sentirnos valiosas, tampoco caeremos en la trampa de necesitar las voces de otros que nos digan lo bien que hacemos las cosas, lo bonitas que nos vemos o lo inteligentes que somos.

El rol de un coach es ponerte a soñar y que visualices cómo luce el éxito para ti, cómo serían disfrutar de aquellas cosas que anhelas. Y mientras tu rostro se ilumina dando forma a todas estas metas que comienzas a ver, irás trazando un plan real y alcanzable. Tal vez pienses que suena sencillo, pero después no sabes cómo llegar a la cima. Ahí es donde tu coach hará su tarea y te presentará distintas herramientas. Puede que el viaje sea complicado, pero comenzarás a notar que todo el esfuerzo bien vale para estar allí. La función de un coach será significativa, te enfrentará a hacer un descubrimiento que nunca te has imaginado. Probablemente sientas miedo al enfrentarlo, sientas incomodidad o dudes de lo que vas descubriendo; sin embargo, tu coah te llevará de la mano para descubrir tu gran potencial y capacidad.

Descubrir quienes somos requerirá trabajo, tiempo y valor; con toda esta inversión te puedo decir que bien vale el esfuerzo. Cada día nos encontramos con obstáculos; sin embargo, imagina qué distinto puede ser permitir que nos lleve al lugar donde queremos estar.

El mejor lugar que un coach podrá tener es el de ponerse al lado de su coachee y caminar con él y dejar que descubra por sí mismo cuál es su propio camino. En verdad esta es una carrera que les dará satisfacción a ambos. Me gusta pensar que el coaching es una relación donde se ayuda a la gente a triunfar.

¿CUÁL ES TU RESPUESTA?

Ahora piensa, ¿quién eres?

«La verdad es que tu identidad es en realidad una parte profunda y subyacente de lo que piensas todos los días. Detrás de tus palabras y ambiciones diarias, detrás de tus pensamientos y emociones habituales existe un conjunto de creencias ocultas sobre tu propia identidad y tu valor que aclara o confunde las elecciones que haces en la vida. Afecta a casi todas las áreas, incluida la forma en que piensas y sientes en un momento dado, la forma en que abordas las oportunidades diarias y reaccionas ante los problemas.»[4]

Contesta esta pregunta con la mayor honestidad posible y desafíate, mírate, obsérvate. ¿Qué ves dentro de ti? Si no estás conforme con eso que estás viendo, es tiempo que comiences a trabajar en ti. Te aseguro que darás un giro radical, podrás sentir la ilusión de ver un nuevo futuro. Entiende bien, no necesariamente es que tendrás que modificar todo, tal vez estés dando pasos saludables en tu vida, pero quieres seguir dándolos con mayor confianza o te has quedado estancada en alguna parte como si no hubiese más terreno que conquistar. Entonces necesitas esa mano que te jale para arriba para que juntos puedan ver ese futuro que todavía hay para alcanzar.

---

4 Stephen Kendrick y Alex Kendrick. Definidos: La identidad que Dios te dio. (Nashville: Tennessee: Publishing Group,2019),15.

UNA MANO FIRME PARA SACARME DE ALLÍ

Yo necesité esa mano que me tomara con fuerzas y me impulsara a salir de la disconformidad que sentía a causa de mis propias luchas. Años atrás, mi lucha era la perfección (y no me siento orgullosa por esto); esa era mi meta; si no era perfecta, la decepción, frustración y falta de tolerancia a mí misma se hacían presentes. Como te podrás imaginar, nunca nada era perfecto, siempre aparecía algo —por simple que fuera— que dañaba todo el esfuerzo. Entonces planeaba para que la próxima vez no sucediera este imperfecto y ¿sabes que pasaba? ¡Claro! La próxima vez no sucedía eso, lo que sí pasaba era otro imperfecto.

Hasta que algo hermoso sucedió. No me preguntes cuándo, ya que no podría darte una fecha o tiempo específico, lo que sí puedo decir que a medida que aprendía a verme como Dios me veía y a reconocer cada área de mi vida, empezaba a hacer las cosas con entusiasmo y divertirme de lo que hacía. Esto no quiere decir que comencé a dejar de pensar en los detalles o que me daba igual si salía bien o mal. ¡No, nada de eso! Comencé a disfrutar, a ver lo bueno y no detenerme por detallitos. Empecé a compartir lo que sentía con otros, a contar mis luchas y mi necesidad de perfección. Esto lo voy logrando de a poco, porque todavía estoy siendo transformada. Me sumerjo y vivo en esta poderosa verdad: «Conoceréis la verdad y la verdad os hará libres.»[5] Solo allí encontré completa paz y armonía, ya que no

---

5 Juan 8:32

son solo palabras. La verdad es Jesucristo y esa verdad comenzó a hacerme libre, libre de la comparación, del temor a la crítica, del miedo al éxito y al error. ¡Sí, Jesús me hizo libre!; y cada día procuro seguir caminando en su libertad y reconocer que áreas todavía no han sido liberadas. A medida que avanzo en esta libertad, me da más seguridad para vivir de acuerdo con sus propósitos y servir a otros.

CONCLUSIÓN

Este capítulo es una invitación a descubrir tu identidad de acuerdo con cómo fuiste creada. A no vivir por lo que otros han dicho o modelado de ti, sino a conocerte, aceptarte y valorarte por lo que eres ya que de esta manera también podrás comenzar a desarrollar tu máximo potencial. Y de eso se trata el coaching, de desarrollar tu máximo potencial, por eso es indispensable partir desde esta base. Concluyo con mi propia historia de lo valioso que fue entender quién soy para desarrollar mis dones y no imitar los de otra.

A continuación, te dejo la hoja de trabajo para que te diviertas reconociendo quién eres. Estoy segura de que mientras lo haces podrás ir comprendiendo que Dios te hizo única y podrás comenzar a dar gracias por eso ya que tus valores, características, capacidades son únicas y solo tú puedes hacerlo de una forma específica a ti. Da gracias, el mundo necesita tu frescura y autenticidad.

¿QUIÉN SOY?

Hazlo personal

Toma unos minutos, respira, alza tus brazos, sonríe. Tal vez necesites dar una pequeña caminata antes de responder. Piensa en lo leído. Si trabajas a través del libro, podrás llegar al final con algunas respuestas y entusiasmo en lo que vendrá.

1- ¿Quién eres? ¿Ya puedes contestar a esta pregunta con sinceridad?

....

....

....

....

....

2- ¿Hay áreas en las que necesitas ser libre?

....

....

....

....

....

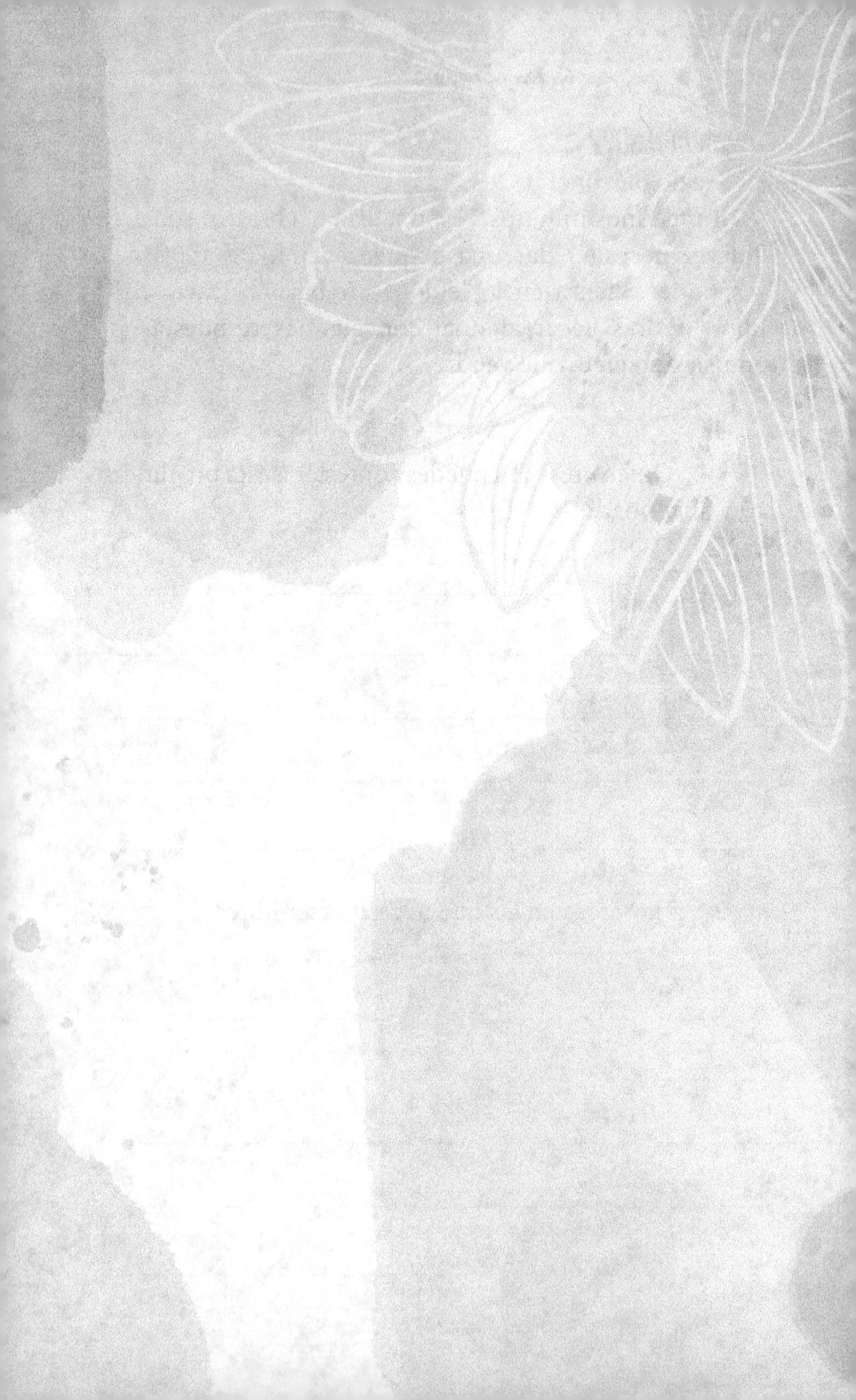

3
LOS BENEFICIOS DE SABER QUIÉN SOY

«No se amolden al mundo actual, sino sean transformados mediante la renovación de su mente. Así podrán comprobar cuál es la voluntad de Dios, buena agradable y perfecta.»
Romanos 12:2

En el capítulo anterior te animé a descubrir quién eres y reconocerte, no por lo que haces, por lo que dicen los demás, ni por lo que tú crees que eres; sino descubrir quién eres según los ojos de Dios. La visión de Dios siempre es y será muy diferente a la nuestra; la nuestra esta distorsionada y borrosa como esos anteojos empañados. Sin embargo, cuando descubres tu identidad puedes comenzar a dejar una huella significativa, ya que de eso se trata el descubrirnos.

Con nuestro hallazgo aparecerá nuestro potencial; permite que te explique un poco de que se trata eso. Me estoy refiriendo a un talento, una habilidad particular que cada uno tiene en algo o en varias disciplinas. A veces puede que no se dé cuenta por sí mismo, pero para eso estará el *coach*, para ayudarte a ver tus habilidades y características ya que él observará de forma meticulosa y notara lo que tú no. Los espejos en los autos nos ayudan a ver las zonas ciegas, esos espacios que de forma natural no logramos ver; bueno, así como el espejo nos permite ver los lugares no identificados de forma natural, el *coach* te hará ver las habilidades que por tu misma no estás viendo o valorando.

CULTIVAR Y PERMITIR QUE OTROS SABOREEN

Años atrás llegué con mi familia para instalarnos en Pensilvania. No teníamos amistades en la zona y todo representaba un gran desafío. Una tarde, una piadosa mujer que conocimos me invitó a su casa para compartir un tiempo, conocernos y hacerme sentir menos sola. Junto con mis hijos —que en ese tiempo eran pequeños— llegamos hasta su dirección. Ella nos esperaba con un espíritu animoso y amigable, se esforzó en hacer nuestra estadía agradable. Durante la tarde nos llevó a pasear por el fondo de su casa en donde tenía hermosos árboles frutales y varias hortalizas. Caminamos juntas por los senderos que separaban un árbol del otro, durante la caminata ella nos explicó cómo se sembraron, cuánto tardaron en crecer, los cuidados que necesitaban y cómo podíamos darnos cuenta de que su fruto estaba listo y bueno. También nos mostró, mediante un ejemplo, cómo saber que el fruto había alcanzado su punto de maduración y cómo desprenderlo sin dañar la rama. Ella hizo todo esto con calma, cariño y dedicación, mientras yo prestaba atención a sus indicaciones y mis hijos resistían la tentación de arrancar algo que no correspondía. Cuando la recorrida terminó, ella gentilmente y con una sonrisa, nos entregó un recipiente a cada uno y nos dirigió para que comenzáramos a recolectar lo que quisiéramos. De esa manera trabajan nuestras habilidades y talentos. No son para nosotros, tampoco son para esconder y mucho menos para presumir. Son para permitir a los demás gozar de esas habilidades y hacer así un mundo más agradable y completo. Por cierto, esta amiga nunca presumió del hermoso jardín que tenía, tampoco de su huerta ni de todo lo bonito que nos fue mostrando, por el contrario, pude ver un espíritu agradecido, gozoso que solo los que saben compartir pueden tener.

Me imagino, amiga, que si ya disté el primer paso y comenzaste a reconocer y descubrir cómo Dios te ve, ahora puedes empezar a entusiasmarte con dar el siguiente paso: ver en qué eres buena, qué es lo que sabes hacer, te gusta o puedes perfeccionar. Ya que no es suficiente con reconocer que cosas hacemos bien, ahora es tiempo de comenzar a usarlos y administrarlos apropiadamente. Piensa que Dios no espera que tu reconozcas los talentos que tienes y te quedes allí abrazada a ellos, Él espera que tú los comiences a compartir con el mundo, así como mi amiga compartió sus sabrosas frutas y hortalizas conmigo y con mi familia. ¿Sabes? Que ella compartiera conmigo todo eso en una etapa crítica para mí, hizo que yo me sintiera bien; fue como una caricia al corazón, me impactó, me dejó esa huella de la que te hablaba al principio. Y así actúan nuestros dones.

PEDRO RECONOCÍA SUS HABILIDADES Y ESTO IMPACTABA A OTROS

¿Todavía te acuerdas de Pedro y la pesca milagrosa que miramos juntas en el primer capítulo, verdad? Él estaba allí, cansado, luego de una noche terrible donde toda su experiencia de pescador parecía no haberle servido para nada, ya que no había podido conseguir nada; su negocio parecía tener pérdidas ese día. Imagino que luchaba con sus pensamientos. ¿Qué le diría a su esposa ese día, que no había peces? Hasta que lo interceptó Jesús y todo cambió; sus preguntas cambiaron, sus pensamientos fueron desafiados, sus nuevas destrezas se dejarían ver poco a poco. Sin embargo, el cambio no fue solo porque logró una gran pesca, lo que podría cambiarle el humor y probablemente también su economía en ese día. El cambio comenzó porque se encontró con Jesús y mientras Él hacia ese trabajo de *coaching*: caminando con Pedro, haciendo preguntas profundas, teniendo una buena comunicación. Esto fue lo que hizo que cuando Jesús ya no estaba con ellos. Pedro sería capaz de enseñar que:

«Cada uno de ustedes ha recibido de Dios alguna capacidad especial. Úsela bien en el servicio a los demás.» 1 Pedro 4:10 TLA

La enseñanza aquí es que el trabajo de un *coach* puede ser temporal, para una cosa a la vez, para lo que tú identificas que debes de trabajar, esa área específica. Si le prestamos atención al avance que Pedro fue teniendo a lo largo de los años, te darás cuenta de que mientras él descubría el valor que tenía para Dios y dónde estaba su verdadera identidad, es que comenzó a descubrir nuevos roles, habilidades y talentos que comenzó a usar al servicio de Dios y para el bien de otros. ¿Ves que armonioso es esto?

ESPECIALISTA EN ESCONDER

Había una muchacha muy productiva con unos talentos increíbles; podía dibujar con gracia, escribir poemas y tener ideas creativas; sus manos eran diestras en las manualidades y podía pintar con mucha gracia y entusiasmo, tenía oído para escuchar a las personas y ayudarlas si necesitaban algo. Era capaz de ponerse a correr y comer comida de dieta (aunque no le gustara) para acompañar a una amiga que quisiera adelgazar. Tenía mucho talento y creo que más podría haber desarrollado si no hubiese decidido esconderlos por mucho tiempo. Tanto, que hasta se le olvidó que en algunas habilidades era muy buena. Te cuento que los escondió tan profundo que estaban como Lázaro en la tumba, ya parecía que no habría forma de resucitarlos, las voces decían que no se podría, que ya había pasado mucho tiempo, es más cada vez la piedra se empujaba más duro para que allí quedara. Sin embargo, a medida que ella comenzó a verse con los ojos de Dios y entendió el gran valor que le había dado, también se dio cuenta de que cada una de esas capacidades que Dios había puesto en su vida tenían que ser para bendecir a otros. Allí fue cuando comenzó a escuchar la voz de Jesús diciendo su nombre. Algunos todavía la miraban con incredulidad, aun ella misma decía: «No, ya no, ha pasado demasiado tiempo, ¿podrá ser esto posible?» Sin embargo, Jesús clamó a gran voz y dijo: «¡Claudia, ven fuera!», y salí de la tumba; todavía había vendas cubriendo por todo mi cuerpo, sin embargo, Jesús dio una orden y la libertad comenzó a llegar. Allí fue, cuando después de pedir perdón por guardar esto tanto tiempo, fui renovada y se me dio una palabra que nunca me olvidaré, aunque en el momento no la entendí muy bien: «Toma la autoridad, cosas nuevas vienen para tu vida.»

Vinieron muchas cosas, desafíos y crecimiento y esos *coach* que me enseñaron las opciones de camino que tenía, que me hacían preguntas poderosas y me ponían a alcanzar metas, me empujaban, aunque no quisiera y volvía a descubrir mi esencia perdida.

CONCLUSIÓN

Este corto capítulo te permitirá dar el siguiente paso después de descubrir quién eres. De una forma muy práctica te ayudo a notar que cada habilidad que tienes ha de ser para ayudar, bendecir y permitir que otros disfruten del talento que tengas. Te muestro un poco del avance que tuvo Pedro y cómo ´el mismo pudo alentar a otros a que descubran sus capacidades. También te cuento algunas historias que pueden ayudarte, una de ellas es bien personal, pero ya que decidiste dedicar este tiempo para que compartamos pensé que te gustaría conocerla. Ahora sí, te animo a mirar las preguntas en la hoja de trabajo que te dejo a continuación y te aliento a no permitir que tu ni nadie esconda esos talentos.

HAZLO PERSONAL

Los beneficios de saber quién soy

Como ya conoces la dinámica de esta parte, puedes tomarte el tiempo que necesites; lo que no deberías es dejar esta hoja en blanco, ya que el *coaching* se trata de avanzar. Vamos, puedes hacerlo.

1- Anota tres habilidades que tengas.

....

....

....

2- Elige una habilidad en la que quisieras trabajar más.

....

....

....

3- ¿En qué parte de este capítulo te sentiste identificada?

....

....

....

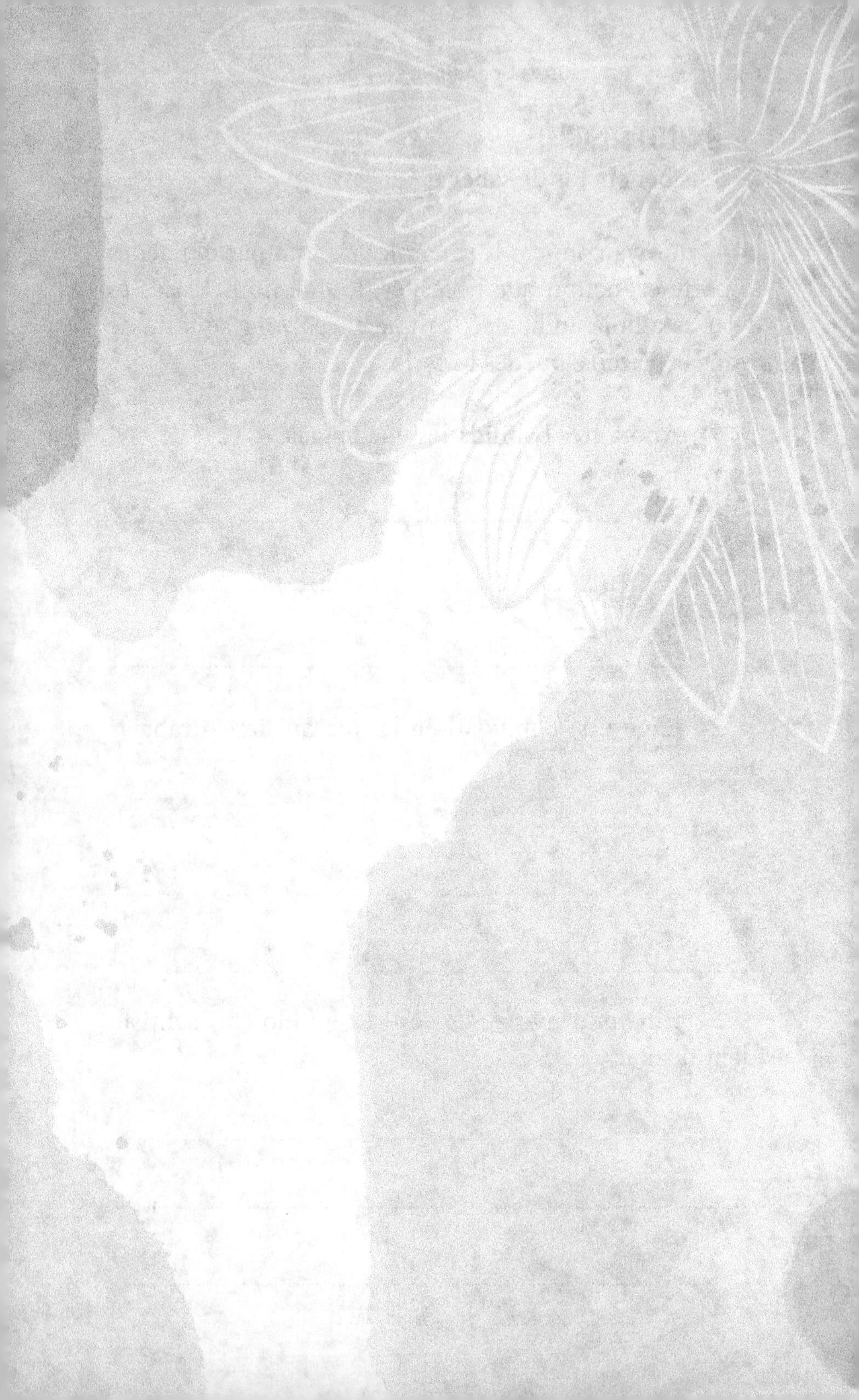

4
PREGUNTA MIENTRAS DIALOGAS

«¿Qué quieres que haga por ti?»
Jesús

¡Cómo disfruto cuando estoy aprendiendo! Por cierto, escribir este libro es todo un desafío y un gran aprendizaje. Me doy cuenta de que mientras mis neuronas trabajan para descubrir o redescubrir algo, se produce un entusiasmo en mí; es como cuando le ponen combustible a un vehículo y este sale con un impulso extra. Esto sucede por varias razones. Por un lado, hay un sentimiento de satisfacción que le da valor al esfuerzo realizado para lograr ese nuevo aprendizaje, por otro lado, algo más fuerte me motiva y es saber que mientras voy descubriendo algo, también lo puedo ir poniendo en práctica en mi vida. No obstante, lo más asombroso y lo que me da mayor satisfacción, es darme cuenta de que Jesús es quien tiene más para enseñarme con sus conversaciones y enseñanzas tan ricas. Por algo lo llamaban Rabí (maestro). Cuando conoces a Jesús te das cuenta de que Él usó muchos métodos para llegar a las personas, para enseñarles y que estas enseñanzas produjeran resultados permanentes. Jesús no era para nada complicado, hacía uso de lo sencillo para algo profundo. Uso las imágenes visuales y orales reconocidas por el escucha. Él conocía y entendía bien que no todas las personas aprenden de la misma manera. Una de las metodologías que el usaba eran las preguntas abiertas para así comenzar una conversación y motivar al interlocutor a dar respuestas. Es más, si lees sus historias te darás cuenta que Él preguntó más veces que respuestas dio. Jesús era flexible, Él no seguía un esquema rígido de enseñanza; tenía la capacidad de cambiar su método según lo requiriera su audiencia o la situación oportuna. En ocasiones nos puede pasar que queremos conversar o preguntar y luego nos sentimos mal porque la persona con la que hablamos no dijo nada, nada relevante que pudiera dar un indicio de donde comenzar a desenredar el problema. Lo más probable es que necesitamos aprender, comenzar a escuchar con un nuevo oído, con todos nuestros sentidos alertas. Esto nos llevará a un nuevo nivel en donde comenzaremos a hacer ese tipo de preguntas que pueden dar a luz una nueva realidad, preguntas sin juicio.

MAYÉUTICA: COMPLICADA PALABRA CON SENCILLA EXPLICACIÓN

Amiga, ¿escuchaste alguna vez sobre la mayéutica? Si nunca la escuchaste, ¡tranquila! Para mí también fue nueva en un momento, es más me parecía una palabra complicada con una raíz etimológica que no manejo demasiado. Así que, tocante a mi ignorancia al respecto de la palabra, tuve que investigar un poco. Por esta razón antes de adentrarnos en el tema del capítulo me gustaría ofrecerte un poco de conocimiento al respecto, de esta forma entenderás aún más lo que estamos hablando y podrás darte cuenta de la importancia que esta tiene. A su vez será una forma de entender cómo esta metodología era usada por Jesús y cómo podemos aprender con algunos ejemplos de Él.

Mayéutica es un método o técnica que consiste en hacer preguntas a través de un diálogo, esto es útil con los coaches. Dicha palabra procede de un vocablo griego maietikos, que se traduce como un 'ayudante en el parto'; pero relajémonos, no tengo ninguna intención de entrar en el griego y toda su raíz etimológica. Es a través de esta idea de dar a luz que el método de mayéutica es útil para «dar a luz las nuevas ideas». Entonces entendemos la mayéutica como un método o una técnica donde se estarán realizando preguntas a un coachee hasta que él mismo descubra conceptos, ideas o creencias que están en él. Estas preguntas son una manera de guía para que la persona sola comience a sacar a luz aquellas verdades que ya se encuentran en su interior y reconocerá al ser expresadas. Podría decir que nosotros seremos esos asistentes que estarán a su lado en el alumbramiento. ¿Es desafiante? Sí. ¿Tendrá que luchar? ¡Bastante!; pero al final se sentirá lleno de gozo por su descubrimiento.

Dicho de una forma sencilla, podemos decir que es un sistema de preguntas, respuestas, pensar y descubrir y volver a pensar para tener una transformación como lo veremos en los diálogos de Jesús.

JESÚS Y NICODEMO

Te animo a que entremos juntas en esta historia, miremos esta conversación entre Jesús y Nicodemo que se nos relata en el evangelio de Juan 3. Observa a Nicodemo, un hombre religioso, ocupado, perteneciente a ese grupo de líderes que en otras ocasiones tanto Juan el Bautista como Jesús habían destacado su hipocresía. Sin embargo, parece que él era un tipo de creyente oculto y curioso. Míralo, buscó a Jesús para conversar de noche, lejos de las miradas críticas. Dios, que es un especialista en tratar con gente difícil, lo ayudó a sacar lo que había en su corazón y con algunas preguntas le permitió ver verdades eternas. Cuanto más conversaba con Jesús, tanto más quería saber. Por favor, ve marcando en tu Biblia esas frases interesantes que van apareciendo en este diálogo. A medida que avanzaban los segundos, Jesús, con toda su compasión, lo dirigió para que salga de la oscuridad en la que se encontraba. El método que Jesús usó es de preguntas en el diálogo, preguntas profundas. Mira en el versículo 10 lo que Jesús le dice: «¿Eres tú maestro de Israel y no sabes esto?» Este fue el punto máximo en donde Nicodemo se dio cuenta de que, con todo su conocimiento, inteligencia y estudio, lo que él necesitaba era una vida nueva.

PUNTOS FUERTES DE ESTA CONVERSACIÓN

Al observar este diálogo notamos la paciencia de Jesús. Él no se intimidó por esta persona tan capacitada; se mantuvo firme y compasivo a la vez. A través de sus mismas preguntas le llevó a profundizar y le sacó de la oscuridad en la que se encontraba. Esta conversación es extraordinaria para comprender cómo debe ser la actitud de un coach cristiano. Las características que vemos aquí son las que el coach debe de cultivar; mediante la dependencia del Espíritu Santo podrá dirigir a su coachee y permitir que él decida su futuro.

Observa como este método de preguntas nos descubre a nosotros, nos muestra qué es lo que hay, también nos deja ver qué es lo que hay que cambiar; ser transformado será la meta.

Mientras el coach utiliza esta herramienta también se verá revelado si realmente el coachee quiere cambiar y probablemente lo ponga algo incómodo en algún momento. Imagino que te diste cuenta de lo incómodo que estuvo Nicodemo; él esperaba respuestas y Jesús le hacía preguntas; sin embargo, en la incomodidad, Jesús también fue empático con él y le dedicó el tiempo que necesitaba.

JESÚS, UN ESPECIALISTA

(Lucas 18:35-43)

Podemos encontrar distintos tipos de preguntas; algunas fueron profundas mientras que otras, sencillas; sin embargo, lo que Él hizo fue llegar al alma, al interior mismo, para que la persona mostrara lo que verdaderamente creía o necesitaba. Jesús sí sabía lo que hacía. Ven, vamos a ver otra historia de Jesús.

¿Todavía tienes café en tu taza? Bueno, agárrala, ponle tapa, así nos metemos entre la multitud. Apúrate, ahí viene Jesús y allí está sentado el mendigo, el ciego. Y ¿qué dice el ciego ahora? ¿Qué quiere saber? ¿Quién es? Es Jesús, mendigo, es Jesús el Nazareno. ¡Ah, no lo puedo creer! Ahora que le dicen quién viene, se pone a dar voces como loco. ¿Puedes escucharlo? Escucha cómo grita: «¡Hijo de David, ten misericordia de mí! Por favor, Jesús». Escucha bien, ¿para qué grita tanto? Pero ¿qué pasa ahora? Oh, mira, Jesús lo manda a llamar. ¿Será para que se calle? Escucha lo que Jesús le pregunta: «¿Qué quieres que te haga?» Oh, amiga, si todavía tienes tu taza en mano y no se te ha caído, pues se te caerá ahora si no la apoyas en algún lado. Jesús lleno de compasión, con los ojos puestos en él, se detiene para verlo y escucharlo, y le hace una pregunta clave para llegar al interior de su necesidad y para que él admita qué quería; y ahora Jesús le dice: «¡Recibe la vista, tu fe te ha salvado!»

Tal vez tú y yo pensamos que era obvio, el mendigo estaba ciego y necesitaba ver, así podría trabajar, no depender de los que lo llevaran y trajeran al camino para pedir dinero y así subsistir. Sin embargo, Jesús necesitaba tener esa conversación con el ciego y preguntar mientras dialoga, ya que Él es un experto en esta arte de la comunicación. Jesús sabe cómo hacer preguntas y cómo dar a luz la verdadera necesidad.

Es mi oración que te des cuenta de que hacer preguntas es más importante, pero no cualquiera pregunta ni de cualquier forma. Un buen coach sabrá hacer buenas preguntas en el momento oportuno, con delicadeza y respeto, así como una partera asiste a la parturienta. Son las preguntas poderosas las que hacen una gran diferencia, las que ayudan a abrir puertas que llevan mucho tiempo cerradas. De la misma manera que el ciego estaba sentado con su carga de desesperanza, vergüenza y frustración y después que Jesús hizo una pregunta profunda tuvo una transformación, tú también puedes ser transformada mediante preguntas que te llevan a reconocer tu situación.

Hay preguntas que solo pueden ser contestadas con un sí o un no, esas son las preguntas cerradas que no nos llevarán a ningún lado y con las que solo conseguimos una información básica. Por esta razón en coaching se harán preguntas abiertas. «Una pregunta abierta es aquella que no puede ser contestada con una respuesta si o no. Si usted pregunta a la persona ¿Qué asuntos ve como los más críticos ahora? Ella deberá pensar inmediatamente y generar opciones.» [1]

Mi intención a través y por medio de estas narraciones es que comprendas no tan solo la importancia de hacer preguntas y de convertirse en un experto a la hora de hacerlo, si esto fuera así la misión estaría incompleta. La meta va más allá de la mera información, va hacia la reorientación de la persona.

Si regresamos por unos segundos a la historia del ciego, podremos notar que después de contestar la pregunta hecha por Jesús, su vida cambió, su cotidianidad seguramente cambió, él ya no necesitaba ir a mendigar al camino, sus ojos habían sido abiertos. De la misma manera, el coach se valdrá de este método de preguntas para dar a luz lo que está en tu corazón, tus verdaderas capacidades en la vida.

Confío que notes que es un proceso de crecimiento, de sanidad y reorientación. El coach hará que comiences a mirar con nuevos lentes, que tu perspectiva cambie, encontrarás nuevos caminos y esos te pondrán en nuevas oportunidades. Estoy casi segura de que así fue el proceso para el hombre ciego que Jesús sanó, él no

1 Robert Logan y Sherilyn Carlon, El ABC del coaching, (CoachNet,2003)61.

se quedó solo en la parte de su sanidad, eso era una parte ahora su futuro podría ser distinto al que él estaba anclado. Lo cierto y maravilloso aquí es que Dios está tan interesado en que podamos ser completamente libres, que nos conozcamos y podamos sanar. Él no es ajeno a lo que sentimos, nos pasa o nos obstaculiza.

«La clave está en que Dios se interesa en todo y cualquier cosa que nos concierne y que sea pertinente para nuestra vida; y sugiere además que el Espíritu divino anhela guiarnos en medio de nuestras angustias y conflictos y de nuestra búsqueda de la verdad y de la salud integral.» [2]

Me he dado cuenta de que muchas veces las personas no buscan ayuda hasta que están desesperadas o tienen un sinfín de problemas que los confunde y no saben por dónde empezar. Puede pasar que a causa de la tristeza o el desánimo no saben por dónde empezar y por eso buscan ayuda. Sin embargo, esto no debiera ser así, buscar un coach que nos ayude a reorientarnos podría hacer las cosas mucho más sencillas y animadas.

EMANUEL: DIOS CON NOSOTROS

Permite que te deje un último ejemplo de cómo Jesús ejercía distintos tipos de métodos de acuerdo con la ocasión y a la persona. En este caso, veremos a un Jesús resucitado y que seguía trabajando. El evangelio según San Lucas 24:13-35 nos narra esta historia en donde encontramos a dos discípulos que iban conversando entre ellos. Imagina, intenta ponerte en el lugar de

2 Daniel S. Schipani. *Manual de Psicología Pastoral* (Orlando, Florida: Publicaciones: AETH,2016. Edición en Kindle, cap.2

ellos; seguramente en algún momento pasaste por una situación terrible, dolorosa e incomprensible. Así estaban estos dos hombres, quienes habían visto a Jesús, lo habían escuchado, seguramente fueron testigos de sus milagros, sanidades y liberaciones. Tal vez rieron juntos, comieron y caminaron juntos a distintas ciudades. Pero este día sus corazones estaban tristes, cargados y tal vez un poco confundidos producto de los sucesos que habían acontecido.

Ellos necesitaban que alguien los ayude a salir de ese estado que no les permitía ver con claridad las cosas. Entonces Jesús se acercó a ellos y, mira lo que la Escritura menciona: «Él caminaba con ellos». Podría decir guau, esto es poderoso, recuerda que Él es Emanuel, Dios con nosotros. Esto es algo que el coach tendrá que hacer caminar con el coachee y no invalidar sus sentimientos. Imagino que además de escuchar su conversación, observó sus movimientos, su conducta y todo lo que esto involucraba. Luego de hacer una buena vista panorámica, Jesús los importunó con una pregunta: «¿Qué platicas son estas que tenéis entre vosotros mientras camináis y porqué estáis tristes?» (v. 17). Estoy casi segura de que ya te has dado cuenta, a veces es más fácil ver la solución desde afuera. En este caso, Jesús no les dio la respuesta, la buscó en ellos. Otro punto fabuloso aquí para tener en cuenta es que los discípulos no le dieron una respuesta, le hicieron otra pregunta «¿Eres tú el único forastero en Jerusalén que no has sabido las cosas que en ellas han acontecido en estos días?» (v.18). Ciertamente esto es algo que puede pasar en el coaching, pero recuerda que la intención aquí será este proceso de mayéutica que procura sacar la realidad de la situación y que sea el coachee el que responda y vea lo que pasa. Así que hay que resistir la tentación de contestar y también saber manejar y redirigir la charla. Jesús es un claro ejemplo de eso, observa: «Entonces él dijo: ¿Qué cosas?» (v. 19). Aquí es como el coach diciéndole y dándole lugar a contar para así llevar al cliente a ver el futuro. Si notas bien, Jesús utilizó algo sencillo de lo que lleva una pregunta poderosa: «¿Qué?» Esta es una mirada diferente que le estamos dando a Jesús. Si lees, podrás encontrarlo en funciones de maestro, pastor, consejero, en este caso hizo función de coach de acompañamiento. Mientras la historia avanza con estos dos discípulos, Jesús siguió haciéndoles preguntas que abrieron sus ojos.

Piensa en cuántas ocasiones nos sería tan útil tener alguien a nuestro lado que nos guíe en el proceso de descubrir lo que hay. No es de extrañar que nuestra propia tristeza, culpa, confusión y otros sentimientos no nos permitan ver el cuadro completo, o no podamos ver más allá. Es aquí donde el coach, con sumo cuidado y respeto, despejará el camino.

LIMPIA EL CAMINO PRIMERO Y DESPUÉS PODRÁS SALIR

Mientras escribo estas líneas escucho los camiones que limpian la nieve. No sé si sabes lo que significa que caiga una gran nevada, de esas que amenazan con dejarte atorado en casa. Bueno, una de esas fue la que nos cayó; una nevada continua, copiosa, intensa, la cual hizo que los caminos estén intransitables. Si yo hubiese salido sola antes, no podría haber avanzado para ningún lado, las calles están cargadas de nieve y mi auto también. Es más, en un día como hoy lo más probable es que solo puedas ver mis ojos a través del gorro, el abrigo y la bufanda que me cubre. Sin embargo, ahora ya pasó el camión sacando la nieve, tirando sal y despejando el camino, para que a la hora que yo saque mi auto pueda mirar por dónde voy e ir con seguridad. Ya no me recordaré que esas calles tenían nieve, tampoco del problema que eso generaba para mí, podré andar con seguridad y confianza hacia mi destino.

De la misma manera que los camiones están preparados para limpiar —ya que ellos cuentan con las necesaria herramientas para ese propósito—, los coach efectivos y con valores cristianos saben hacer preguntas poderosas para que comiences a ver el camino con mayor claridad y avances sin mayores dificultades.

CONCLUSIÓN

En este capítulo te conté cómo las preguntas son importantes para conocer e incluso desenterrar nuestros sueños, pensamientos, temores y hasta tristezas. Te expliqué un poco sobre el método de mayéutica —que no es otra cosa más que las preguntas bien hechas—, que ayudan a traer una respuesta valiosa.

Se presentaron distintas oportunidades en donde Jesús hizo uso de las preguntas para ayudar a las personas a reconocer algo en su propia vida y vimos cómo después de estas preguntas, las personas fueron transformadas, comenzaron a hacer algo distinto o incluso se dieron cuenta de con quién estaban dialogando.

Nos dimos cuenta de que no es suficiente con reconocer qué cosas queremos cambiar, también es importante diagramar un plan. He aquí donde es provechoso tener a tu coach de confianza y que juntos empiecen a despejar el camino para que puedas salir con confianza.

HAZLO PERSONAL

Pregunta mientras dialogas

Al recordar la historia de Nicodemo notamos lo valioso que es tener una buena comunicación y ser escuchado. Así que ahora, quiero escuchar tus respuestas.

1- ¿Te da miedo enfrentarte a este método de preguntas? ¿Te asusta descubrir tus anhelos o te da gozo?

....

....

....

....

....

2- ¿Cómo ves que podría transformar tu vida el atreverte a dar a luz aquellos sueños que permanecen guardados?

....

....

....

....

....

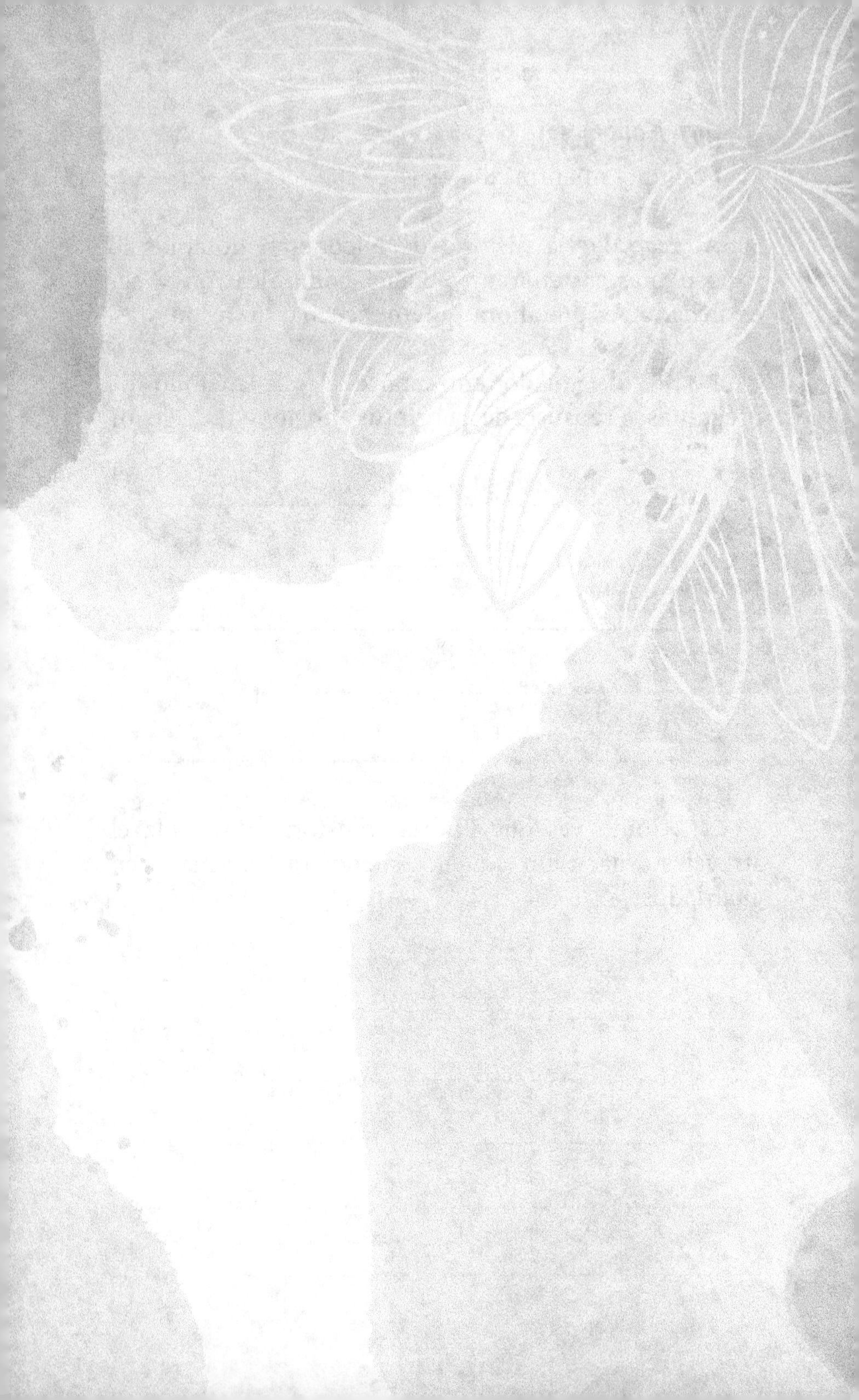

5
APRENDE A ESCUCHAR: TIPOS DE ESCUCHA

«Uno de los problemas sobre escuchar es que frecuentemente se malentiende como no hacer nada.»
Robert Logan y Sherlyn Carlton

Escuchar es comunicación y todavía hay grandes misterios respecto a esto; sobre todo si de mujeres se trata. Si eres una de esas hermosas mujeres que está leyendo el libro, probablemente estés de acuerdo conmigo que a veces no es tan fácil interpretarnos. Si acaso eres varón y me estás dando el honor de leer el libro y has llegado hasta aquí, primeramente, gracias y, por favor, no te vayas porque aprenderás mucho en este capítulo.

Las mujeres nos comunicamos un tanto diferente de los varones. Esto es porque Dios nos diseñó de manera original (Génesis 1:27), iguales en dignidad, pero distintos en roles y virtudes diferentes para la comunicación. Por esta misma razón es que hay que mirar la comunicación femenina; y aquí está el tema de los distintos tipos de escucha, que es lo que me interesa que descubras en este capítulo. De esta manera estaremos conociendo las facetas positivas, útiles y fascinantes y no solo agobiándonos por la complejidad de esto.

¿Sabes?, todavía recuerdo un día que mi esposo me contó que, conversando con Robertino, él le dijo que yo era una persona muy misteriosa. Eso me dio mucha risa (y confieso que todavía me da), mientras que a mi esposo le daba curiosidad. ¿Qué podía yo tener de misteriosa? Tal vez para mi esposo, que me conoce y sabe cómo me comunico, no había nada de misterio. Sin embargo, hoy que entiendo un poco más de aprender a escuchar, considero que lo que esta persona le pasaba es que no lograba anticiparse a lo que yo estaba pensando. Seguramente has vivido situaciones como la mía, en donde sentías que el otro no te estaba escuchando o interpretando lo que estabas diciendo. Tal vez hasta te dijo que te estaba escuchando o que sabía lo que pensabas y decías; pero muy dentro, tú sabías que eso no era cierto, que las palabras parecían que se las llevaba el viento.

¿Qué tal si observamos la situación al revés? Tu amiga vino a contarte algo, estaba muy entusiasmada, quería contarte sobre aquel proyecto que estaba desarrollando con tanto esfuerzo; sin embargo, tú no lograbas captar nada de lo que te dijera. Esto no era porque su explicación fuera demasiado intelectual para ti o que fuera un tema que no dominabas; en ese momento era como escuchar una mosca zumbando, nada más, solo un sonido en el aire. Intentabas prestar atención y peleabas contigo misma; entonces ¿qué estaba pasando?

La comunicación asertiva es compleja y necesita ser aprendida y aplicada para obtener buenos resultados. Todas las personas nos comunicamos de diferentes formas; algunas lo hacen mucho más desde las palabras, otras utilizan todo su cuerpo, en esto no deberíamos olvidarnos el tono de voz o la velocidad. Si también observamos la comunicación entre varones y mujeres, nos daremos cuenta lo distintas que son. Las mujeres suelen ser más expresivas y se dice que hablan más. Si están conversando, ellas procuran estar cerca la una de la otra y no temen en acercarse un poco más si están hablan de algo personal o delicado. Por lo general, buscan el contacto visual, mientras que los hombres pueden juntarse en grupo y sentarse lejos los unos de los otros; para hablar no necesitan hacer ese contacto visual y tampoco intentan estar frente a frente. Entonces para mejorar nuestra comunicación y hacer que sea cada vez más asertiva e inteligente necesitaremos conocer cómo trabaja en las distintas personas, así como en nosotras mismas. Piensa en los bebés, desde pequeños se les enseña a hablar, festejamos cuando balbucean sus primeras palabras, los aplaudimos y sentimos que han tenido un gran logro. Por supuesto, hablar puede ayudar mucho a la hora de querer expresar nuestras ideas, estado de ánimo o frustraciones; pero me gustaría preguntarte: ¿qué tanto sabes escuchar? ¿Acaso te has entrenado para esto? Verdad que esto casi ni lo pensamos, lo damos por hecho; sin embargo, la comunicación y las formas en que escuchamos es un tema apasionante y que puede ayudarnos a manejar mucho mejor las situaciones más complejas de la vida.

Una de las virtudes que debe tener un buen coach y desarrollar cada día es su forma de escuchar. El salmista tiene algo para enseñarnos al respecto: «Amo al Señor porque escucha mi voz y mi oración que pide misericordia. Debido a que él se inclina para escuchar, ¡Oraré mientras tenga aliento!»[1] Aquí vemos una escucha activa, de acercamiento de Dios para con el salmista. Más adelante veremos los distintos tipos de escucha y podrás recordar y entender cómo este versículo tiene sentido.

En el capítulo anterior conversamos un poco sobre la mayéutica, esa técnica de dar a luz por medio de preguntas; en el próximo hablaré acerca de las preguntas poderosas o valiosas. Es por esta razón que me resulta pertinente abordar el tema de la escucha en este capítulo, así verás cómo todo se conecta. Si queremos conocer bien a las personas, es importante hacer preguntas; sin embargo, saber escuchar no es menos importante; esto también nos ayudará a generar una relación de confianza y va de la mano con saber escuchar. Es por eso por lo que no podemos desmerecer ni minimizar el valor de escuchar; como dice una frase de Logan, cuando escuchamos no es que no estamos haciendo nada, por el contrario, tenemos que ser conscientes que estamos haciendo algo valioso.

---

1 Salmo 116:1-2 NTV

La mayoría de las personas tenemos el deseo de convivir con los demás de una manera armónica y un ambiente pacífico. Para que esto pase tendremos que desaprender y aprender algunos detalles importantes sobre las formas de comunicarse. La comunicación no es solo las palabras. Algunos especialistas dicen que las palabras son solo el 7 % de la comunicación. Mientras que el tono de voz que se usa para transmitir el mensaje es de un 38 %; pero la mayor parte está en el lenguaje no verbal, con un 55 %. Probablemente los porcentajes podrían variar según algunos estudios; sin embargo, cualesquiera sean las variaciones, estos datos nos sirven para el fin que deseo mostrar. Si queremos comunicarnos mejor, necesitamos aprender a escuchar. De esta manera el coach podrá entender a su coachee con eficacia.

Quiero detenerme un poco en la comunicación no verbal ya que, si su porcentaje es el más alto, te interesará saber qué es lo que contiene. No son las palabras, sino que son todos aquellos gestos, actitudes, los ademanes que usamos, los movimientos de las manos, los pies, el rostro también comunica, la boca, aunque no hables, la mirada. Te das cuenta de que las emociones de la persona y su carácter se ven reflejados aun cuando no está hablando ni una palabra. Por supuesto que esto también dependerá de su personalidad e incluso de la cultura donde ha sido criado; sin embargo, en una vista general esto es lo que pasa cuando hablamos. Piensa por un momento en estos últimos días, seguro tuviste alguna situación que no te gustó con tu jefe, madre, esposo, hijos, con quien sea. Incluso pudo haber sido con tu perro o gato, algo que hizo te disgustó, probablemente no usaste palabras, pero tu silencio y el lenguaje de cuerpo fueron más contundentes que si hubieras alzado la voz. Ahora reflexiona en una escena al revés: Allí estabas tú y la otra persona, tú querías comunicarte, pero ella solo movía sus pies, sus labios o su pie izquierdo de forma constante. Si pudiste rememorar esta escena, ahora podrás pensar con claridad qué estaba queriendo comunicar, cómo estaba emocionalmente, qué necesitaba en realidad.

En estos ejemplos vemos que tanto las palabras como el silencio son importantes a la hora de una comunicación apropiada. Según se puede saber, hay una serie de características que forman parte de nuestra comunicación desde la perspectiva de la escucha.

ALGUNAS FORMAS DE COMUNICACIÓN

Hay ocho formas de la comunicación que se presentan por medio de la escucha que quiero compartirte: Escucha apreciativa, selectiva, discernitiva, analítica, sintetizada, empática, atenta y activa. Espero que no te sientas abrumada al ver tantas formas distintas de escuchas; procuraré ser clara y definiré de forma sencilla y resumida lo que cada una significa.

1- Escucha apreciativa:

Es la que hacemos sin ningún tipo de atención, oímos mas no escuchamos. La Biblia nos dice: «El que tenga oídos para oír oiga…» (Apocalipsis 2:11). Esto nos habla de escuchar y entender. Durante algunos años estuve viviendo cerca de una estación de tren, podrás imaginarte que los primeros días, cada que el tren pasaba decía: «¡Oh, el tren!» Esto solo duró un par de días, luego mi oído se acostumbró tanto que ya me daba igual si pasaba o no. Al cabo de cuatro años, cuando me mudé, ni recordaba que el tren pasaba tan cerca.

2- Escucha selectiva:

Este tipo de escucha es cuando seleccionamos la información que queremos escuchar, en donde se aplican filtros para obtener la información que más te interesa. Piensa en las cafeteras que llevan esos filtros de papel; mientras va cayendo el agua, solo una parte de ese café va siendo filtrado, la borra del café o el residuo quedará en el filtro y nosotros solo usaremos el preparado. También es como cuando estamos en un consultorio médico y el televisor encendido, pero de pronto alguien menciona nuestro nombre, es probable que ni siquiera haya necesitado decirlo fuerte. En este caso, nosotros necesitábamos esa información y fue la que tomamos como producto de nuestro interés.

3- Escucha discernitiva:

Es aquella en donde tienes que escuchar el mensaje completo, solo después podrás mediante una selección y juicios personales, tomar la parte que sea de tu interés. Esto pasa mucho en una entrevista de trabajo, allí tendrás que escuchar toda la información; sin embargo, después comenzarás a seleccionar las partes que más te han importado o las que serán de ayuda para tu crecimiento profesional.

4- Escucha analítica:

Es la que nos ayuda a prestar atención al orden y sentido de la información que se está adquiriendo y se intenta encontrar la relación de todo lo que se está diciendo, para así reflexionar y analizar el mensaje de una manera más racional.

5- Escucha sintetizada:

Se me ocurre que esta escucha la usamos mucho, ya que, en esta, el que escucha dirige la conversación hace preguntas e intenta encontrar la información específica o relevante que está buscando.

6- Escucha activa:

Esta es bien completa ya que está conectada con todas las demás escuchas. Se encuentra fuertemente conectada con la atenta y la analítica. En este caso hay una fuerte participación de todo el ser, el movimiento del cuerpo, el tono de voz, que tan rápido o despacio se dicen las palabras. Se provoca una conexión cercana con la otra persona, en este tipo de escucha entran en juego la atención, la concentración, el intercambio de conversación con ideas que van y vienen para así comprender adecuadamente el mensaje.

7- Escucha atenta:

Es una forma de escuchar de manera real y se manifiesta en el cuerpo, la mente el espíritu; todo el ser entra en esta conversación. Como ya habrás estado notando, es un tema riquísimo y del que muy poco sabemos o nos dedicamos a crecer en ellos, así que reservé para el final a la escucha empática. Si sigues conmigo esta lectura, te diré también por qué se me ocurrió reservar la escucha empática para el final de todas.

8- Escucha empática:

Esta es una escucha bellísima, ya que se logra una conexión que va más allá de lo que razonamos. En esta logras una forma de involucrarte a nivel emocional, donde de ninguna manera le restarás valor a lo que se dice o pasa. Por el contrario; estarás allí con tu interlocutor, es lo que normalmente se define como ponerse en el lugar el otro. Estás presente en lo que se está hablando, vas al tiempo como te lo cuentan, no apuras la conversación, sabes esperar y también hacer silencios. En este caso, aun el silencio está ejerciendo una comunicación.

Mi intención al dar esta breve explicación de las escuchas es que puedas identificar el gran valor que tienen, el regalo fenomenal que son y la vez identifiques el tipo de escucha primaria que tienes. Si encuentras alguna que ni de lejos usas, podrás aprender a hacerlo. Uno de los datos que me pareció tan interesante es sobre la empatía en las mujeres. Sonia González, una excelente comunicadora, nos dice:

«Esta competencia del ser se encuentra muy desarrollada de manera innata en las mujeres y es la base de todo su sistema comunicativo. Las impulsa a comprender las necesidades, emociones y conflictos de los otros, colocarse en su lugar y ser capaces de responder de manera correcta a las relaciones que proyectan desde sus emociones.»[2]

Esto es por distintas razones, algunas de ellas es que las mujeres son más propensas a identificarse con el dolor de las personas y ellas no se despegan de sus emociones, entonces logran escuchar mejor en esta área. Lo que procuro es que también puedas ejercitar los tipos de escuchas, como cuando ejercitamos los músculos de nuestro cuerpo haciendo ejercicio. Al principio es incómodo, ¿verdad? Luego te vas acostumbrando, ya conoces la rutina y lo que debes hacer para obtener mejores resultados. Lo mismo pasa con las escuchas, si identificaste aquellas que ya son parte de tu vida, imagino que también sabes cuáles te han costado. Es por esto por lo que te aliento a buscar a un coach que tenga la capacidad de escuchar y también de saber identificar cuál es tu tipo de escucha. Como dije en el primer capítulo, las personas necesitan y quieren ser escuchadas; y si queremos darle un giro a nuestra vida, es necesario darle permiso al otro a que nos escuche aun lo que no decimos y probablemente nos ayude a traducirlo.

TIPOS DE ESCUCHA EN LA HISTORIA DE RUT

Hay un valioso ejemplo que te quiero compartir, así que te invito a viajar conmigo hasta el libro de Rut. Antes de comenzar a tocar el tema de la escucha,

---

2 Sonia González. Comunicación femenina inteligente. (Nashville, Tennessee, Grupo Nelson,2017),29.

permite que te ponga un poquito en perspectiva en lo que es una fascinante historia bíblica. El libro toma su nombre de una joven moabita que después de quedar viuda, se fue a Belén con su suegra Noemí, que también había quedado viuda. Te animo a que lo leas con detenimiento, ciertamente podrás ver en Noemí los distintos principios del coaching: el acompañamiento, las preguntas poderosas que le hizo a Rut, el aliento aun en medio de la incertidumbre y la forma de escuchar. Esta historia llena de amor me ayudará a mostrarte lo valioso de saber escuchar y lo efectivo que es. En los versículos 16 y 17 del primer capítulo dice: (y procura entender que tipo de escucha uso Noemí):

«Respondió Rut: No me ruegues que te deje, y me aparte de ti; porque a donde quiera que tu fueres, iré yo, y dondequiera que vivieres, viviré. Tu pueblo será mi pueblo, y tu Dios será mi Dios. Donde tu murieres, moriré yo, y allí seré sepultada; así me haga Dios y aun me añada, que solo la muerte hará separación entre nosotras dos.»

Pon atención a las palabras de Rut y nota el tipo de escucha que utilizó Noemí. Seguramente no fue una escucha apreciativa, ya que según lo que vimos es la que no se le da ningún tipo de importancia al que está hablando. Parece ser que la escucha que uso la suegra de Rut es más del tipo analítica, atenta, empática. Ya que ella necesitó evaluar lo que se le estaba diciendo, tuvo que prestar atención a cada palabra, cada gesto, al tono de su voz, su cuerpo e incluso la firmeza con la que hablaba. Mientras recorremos el libro y llegamos al capítulo 2:19 encontramos otro ejemplo del método que Noemí usó para escuchar. Si lo estás leyendo conmigo, estoy segura de que ya podrás darte cuenta de que ella tuvo una escucha discernitiva y analítica; ya que escuchó con cuidado y atención, y luego tomó la parte que le interesó. Noemí dijo: «Nuestro pariente es aquel varón y uno de los que puede redimirnos». ¿Observas? Sustrajo la parte importante o valiosa para ese momento. Te invito a leerlo y observar la riqueza que la Escritura nos da en esta área de la escucha. Demos algunos pasos rápidos hasta el capítulo 3:16-17, también encontramos otra conversación entre estas dos mujeres, la cual fue analítica y empática; ya que su suegra la escuchó y le dijo: «Espera con calma, vamos a ir viendo cómo esto avanza, cómo se resuelve».

Es tan grato ver cómo la Biblia brinda historias como estas que, además de aprender en un marco más amplio sobre la llegada del Mesías, también nos da enseñanza con la vida de dos mujeres en una situación de desesperación y cómo el saber escuchar les fue de beneficio. Esa misma habilidad que tenía Noemí para escuchar a Rut es la que tu coach debe de tener. Observa y piensa cuánto tiempo habrán tenido que caminar juntas, cuántas situaciones habrán vivido en el camino y cada una de ellas la fueron resolviendo en el camino. Una a la vez, de la manera que lo hará el coach; una a la vez, caminando contigo hasta que te traslades del lugar en donde estas al que quieres llegar.

Por último, el entrenamiento que tu coach debe de tener en esta área es importante; sin embargo, nunca remplaza la sensibilidad que debe de tener al Espíritu Santo, quien le ayudará a escuchar con los mejores oídos y a discernir todas las cosas.

CONCLUSIÓN

Este capítulo puede resultar un poco más académico y con varios conceptos que tenemos que aprender o recordar. Conocimos algunos puntos y valores importantes de la comunicación y cómo Dios nos hizo. Por otro lado, analizamos un poquito las diferencias que hay entre las mujeres y los hombres a la hora de escuchar. Esto en sí es porque Dios nos hizo diferentes.

Más adelante vimos ocho tipos de escuchas y algunos ejemplos sencillos y cotidianos para que puedas entenderlos mejor. A esto sumamos una hermosa historia bíblica, llena de carácter, amor y misericordia divina para familiarizarnos con las escuchas que existen; dentro de esta historia hay valiosas lecciones que nos enseñan sobre el tipo de escucha y su valor.

Te animo a permitir que tu coach sea sensible al Espíritu Santo, de esta manera tu obtendrás la mejor dirección que puedes tener.

Ahora sí, aquí abajo está tu hoja de trabajo, ¡adelante!

HAZLO PERSONAL

Tipos de escuchas

Piensa en las distintas conversaciones en las que has estado involucrada últimamente y en aquellas que quieres tener con tu coach, así te será fácil identificar tus respuestas.

1- Después de leer sobre las escuchas, dime, ¿con cuál te sientes más identificada?

....

....

2- ¿Te frustra cuando no eres escuchada como esperas?

....

....

3- Piensa, ¿qué valioso es que un coach sepa escucharte?

....

....

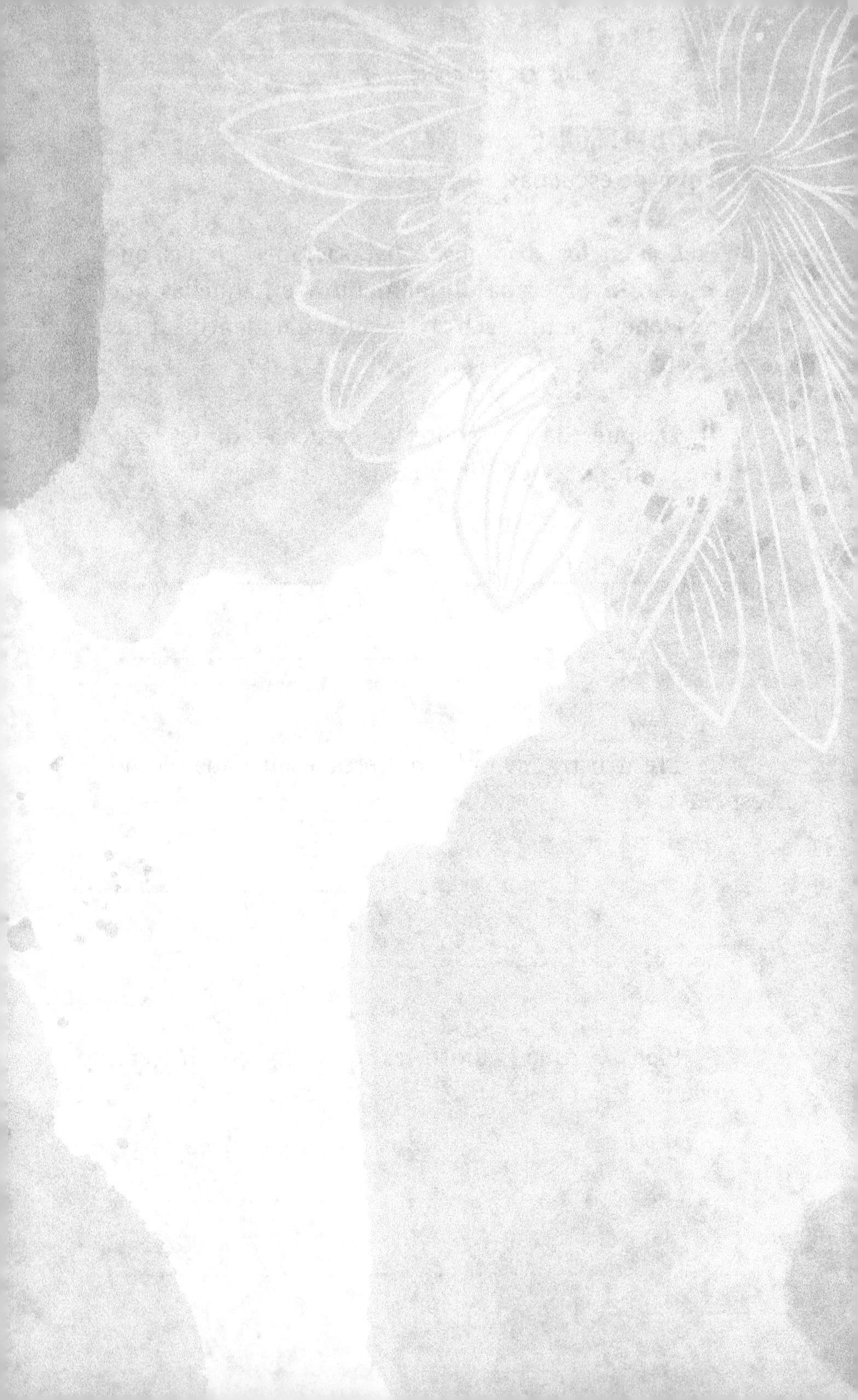

6
LA RESPUESTA SE ENCUENTRA CON LA PREGUNTA

«¿Por qué están tan asustados?»
Mateo 8:26 TLA

Puedo suponer que tú y yo no somos tan diferentes en las luchas y también tenemos que seguir entrenándonos en distintas disciplinas. Me ha pasado en ocasiones donde no estaba segura realmente por qué estaba haciendo algo o por qué me preocupaba por una situación momentánea. Es ahí donde tener un *coach* al lado puede ser beneficioso, ya que te hará indagar y encontrar la respuesta por medio de preguntas sencillas que te llevarán a la raíz del dilema.

Jesús es un ejemplo a la hora de hacer preguntas así de sencillas, como: «¿Por qué están tan asustados?» Estas preguntas pueden hacer que nos detengamos a razonar, a dejar a un lado los sentimientos que nos están llevando a poner en un pensamiento frustrante y mirarlo de una forma más racional y encontrar la respuesta en el equilibrio.

La primera pareja del mundo es otra que tuvo que enfrentarse a las preguntas que los harían admitir la verdad de su frustración y vergüenza. Miremos juntas esta historia.

ESCONDIDOS ENTRE LOS ÁRBOLES

Adán y Eva (Génesis 3: 7 en adelante) estaban escondidos entre los árboles, procurando tapar su pecado y todas sus consecuencias con unas pocas hojas de higüera. Con esto mostraron la incapacidad que tenían de salvarse ellos mismos. Pero mira la secuencia de preguntas que Dios le hace. Él tenía las respuestas, pero quería que ellos vieran la realidad: «¿Dónde estás? ¿Quién te enseñó que estabas desnudo? ¿Has comido del árbol del que yo te mande que no comieses? ¿Qué es lo que has hecho?» Observa que Él no los está acusando, sino que busca que se den cuenta de cómo llegaron a su estado actual. Es interesante notar que todos necesitamos ser enfrentados con la realidad de la situación, mirar por encima solo nos llevará a un cambio temporal; en cambio, llegar a la raíz es lo que trae transformación.

Se debe de entender bien esto de importunar al *coachee* con interrogantes, estas preguntas no intentan ser dañinas, sino que tienen que contener —como mencioné en el primer capítulo— «todo el amor y toda la gracia»; es por eso por lo que el *coach* estará entrenado en esta área. Juntos encontrarán la respuesta a la pregunta desafiante.

MI HISTORIA HACIENDO PREGUNTAS

Una de las virtudes que podemos ver en los preescolares es que no tienen problemas en hacer preguntas. En ocasiones, además de hacerte reír, te hacen pensar y reflexionar sobre lo que están indagando; también pueden llevarte a encontrar una solución a tu preocupación.

Cuando yo me encontraba en esa etapa me ocurrió algo curioso. Honestamente pienso que fue el Espíritu Santo que me recordó esto, ya que todo en nuestra vida tiene un sentido y a medida que pasamos distintas situaciones, Dios mismo nos va preparando para cumplir Su propósito en nosotros. Estaba en preescolar a los cinco años, en mi país de origen, Argentina. Tenía mi uniforme de cuadrille rojo y mi corbata que decía mi nombre. Ese día se había incorporado una niña nueva a la sala, una niña que no dejaba de llorar, llorar y llorar. Llegó el horario del recreo y fuimos al patio que nos correspondía; era un hermoso patio abierto y con un gran árbol. Y la niña seguía llorando. Los demás compañeritos la miraban fastidiados y las maestras, que se habían juntado en grupo, estaban impotentes porque nada de lo que hacían o decían lograba calmarla. De manera natural me acerqué a ella, me senté a su lado y comencé a hacerle preguntas. Desde su nombre (algo que hoy no me acuerdo), quién la había llevado a la escuela, qué la hacía estar triste, y algunas cosas más. ¡Imagínate, una niña haciendo preguntas! Ella dejó de llorar, comenzó a ver las alternativas que había en ese día de escuela y se dio cuenta de que su mamá regresaría por ella. Razón por la cual estaba llorando, ya que la extrañaba. Como te podrás imaginar, a esa edad yo no tenía ni idea del *coaching*, acompañamiento ni preguntas poderosas; pero como te dije al comienzo los preescolares saben mucho de preguntar y en esa ocasión lo hice y logré un resultado.

Hoy, con un poco más de herramientas útiles para ayudar a las personas, puedo mirar en retrospectiva y darme cuenta de que ya Dios mismo me alineaba en un camino que Él tenía para mí y para que yo continue y alcance mi mayor potencial.

EL PODER DE PREGUNTAR

Las preguntas que nos ayudan, como *coach*, a clarificar las expectativas que tiene el *coachee*; y a partir de ellas tener un punto de enfoque. Entendamos que preguntar es realmente un arte, una habilidad o destreza que, aunque no creamos poseerla, sí podremos desarrollarla con eficacia. Es importante que comprendamos que una de las maneras en que el *coach* logrará la transformación en su cliente será a por medio de estas preguntas, aun así, habrá distintos tipos y formas de hacerlas. Es probable que se sienta incomodo en algún momento porque lo estarán poniendo a pensar y cuestionarse sobre sí mismo, darse cuenta dónde están sus valores y creencias, aquellas que le marcaron y le hacen llevar ciertas cargas, temores o dudas. El *coach* le acompañará desde el punto A hasta la zona donde desea llegar de una forma segura y con excelencia.

Recordarás que al principio mencioné que el *coach* ayuda a que te respondas tres preguntas: ¿Dónde estoy? ¿A dónde quiero ir? y ¿Cómo lo voy a hacer?

Es mi deseo que te entusiasme tanto como a mí aprender a hacer las preguntas correctas en el momento oportuno y darte cuenta que tienes que permitir esa incomodidad es necesaria porque te está retando. El *coach* comenzará a hacer preguntas iniciales con intención de recolectar la mayor cantidad de información que le ayudará a comenzar su trabajo con el *coachee*. Luego, habrá otro ciclo de preguntas más exploratorias, donde el objetivo será conocer los valores y las creencias del cliente. Estas serán sus herramientas para continuar con el trabajo.

Con nuestro cliente usaremos esas preguntas poderosas que nos llevan a explorar aún en aquellos terrenos inexplorados por el mismo. Siempre me gusta pensar en esta imagen de aquellos que encuentran tesoros escondidos o ciudades perdidas y con mucho cuidado. ¿Has visto cómo los arqueólogos, con un pequeño pincel, comienzan a desempolvar con delicadeza y sin apuros para así ver el misterio oculto y conseguir la mayor y mejor información posible por medio de esa pieza? Muy probablemente el trabajo del *coach* sea algo así. Los arqueólogos o paleontólogos estudian la historia a través de pequeños restos como huesos, cerámicos, pequeños objetos. Su trabajo es de analizar e identificar. Cuando ellos encuentran esas pequeñas piezas, se abre un camino a algo nuevo, o se dan cuenta que pueden darle un giro a la investigación. De la misma manera, por medio de las preguntas, el *coachee* puede ir cambiando sus objetivos o perfeccionando lo que quiere hacer.

Me gustaría dejar en claro que estas preguntas no tienen que ser para nada engorrosas, pueden ser tan sencillas como claras y directas. Lo importante aquí es saber que estaremos aprovechando el tiempo y una gran oportunidad para el crecimiento del cliente. Piensa en cuántas ocasiones estuviste en un lugar, sea de trabajo o enseñanza, donde saliste con una sensación de tiempo desperdiciado. En ocasiones aun en las reuniones de trabajo hay quienes quieren evitar hacer preguntas, ya que creen que es como poner en duda el desempeño de algún compañero. Hay que despojarse de estos miedos.

¿Cuáles son las razones por las que le tenemos miedo a las preguntas? ¿En dónde radica este deseo de salirse de la sala ante algún cuestionamiento? ¿Será que hubo alguna mala experiencia en el pasado y no queremos revivirla? Estos son solo ejemplos que, como verás, nos ayudan a analizarnos y descubrir qué hay detrás. Como estarás notando, las preguntas son de mucha utilidad. Si lo miramos en relación con el *coaching*, es de la forma que invitaremos a la reflexión, a adquirir información tal vez sobre aquellos deseos que ni él ha visto o aquellos pensamientos que lo están limitando y lo mantienen anclado a una circunstancia de la que desea salir. Debemos aprovechar todos aquellos momentos posibles para preguntar. Las preguntas pueden ser muy valiosas ya que a través de ellas podremos dirigir la conversación hacia lo que estamos viendo que es relevante, lo que logrará la transformación en la persona.

JETRO Y LAS PREGUNTAS PODEROSAS QUE HIZO A MOISÉS

Otro ejemplo que me gustaría compartirte es el de Jetro y Moisés. Suegro y yerno, en una conversación donde las preguntas le permiten cambiar la forma de hacer el trabajo para alcanzar mejores resultados. Aprender a hacer preguntas es un regalo que Dios nos da, y Jetro parece haber aprendido bastante de esto.[1] Jetro, suegro de Moisés, fue a encontrarse con él después de haber estado un tiempo sin verse, también llevó a la esposa e hijos de Moisés a reunirse con él. Los versículos 7 y 8 nos dejan saber que Jetro dedicó tiempo para escuchar cómo Moisés se encontraba (algo que el *coach* hará) con respecto a los últimos acontecimientos en su vida.

Según se narra la historia, es de imaginar que el suegro de Moisés tuvo que practicar la escucha activa ya que fue atenta y activa a la vez. Puedo imaginar a Jetro observando cada movimiento del cuerpo de Moisés, su forma de expresarse, su tono de voz; logrando así una conexión valiosa con lo que él estaba diciendo. Esta historia nos aporta un buen contenido para saber abordar las preguntas con sabiduría, pero también distintos principios de *coaching*, ya que notarás que Jetro observó el trabajo que hacía Moisés y luego le hizo preguntas incómodas (18:14); estas preguntas no tenían como fin molestarle, más bien ayudarlo a visualizar una mejor forma de hacer sus labores. Jetro le ayudó a ver un panorama diferente; él no cuestionó el propósito de Moisés, sino vio lo que hacía y lo encaminó a la

1 Éxodo 18:1-24

excelencia. Eso hará tu *coach*.Este es el trabajo de las preguntas poderosas, ayudar al *coach* a encontrar el camino correcto para trabajar con el cliente; y para el *coachee* será útil ya que él mismo dará la respuesta y solo así encontrará el camino de su libertad.

El *coach* tiene claro que no hay manera de borrar el pasado, ahora es el *coachee* quien necesita darse cuenta de esto y a su vez tomar conciencia que lo que sí podrá hacer es diseñar un nuevo y valioso futuro.

Con la intención que puedas practicar los distintos tipos de preguntas, te dejaré algunos ejemplos de ellas, así podrás empezar a practicar.

DISTINTOS TIPOS DE PREGUNTAR, DISTINTO RESULTADO

Preguntas cerradas: Solo obtienen la básica información.

1- ¿Hiciste la tarea?
2- ¿Conoces a mi hermano?
3- ¿Estás casado/a?

Preguntas abiertas: Nos abren el camino a una conversación productiva.

1- ¿Qué hiciste ayer a la tarde?
2- ¿Qué crees que está haciendo bien el gobierno?
3- ¿Por qué crees que tu grupo está preparado?

Preguntas poderosas: Nos enfrentan con verdades significativas.

1- ¿Qué significa para ti ese ascenso?
2- ¿Qué es lo que quieres?
3- ¿Qué querías conseguir al tomar esa decisión?

Preguntas que conducen a la acción: Nos obligan a trazar un plan.

1- ¿Qué pasos tendrás que tomar?
2- ¿Cuándo vas a sacar esa cita?
3- ¿Qué harás al respecto?

Preguntas que ayudan a visualizar su objetivo: Nos permiten soñar con propósito.

1- ¿Cómo te haría sentir eso?
2- ¿Qué es lo mejor que te podría pasar, si lo eliges?
3- ¿Qué te haría sentir ese desafío?

Como puedes observar, son ligeramente parecidas, pero con un resultado muy distinto.

CONCLUSIÓN

Este capítulo aborda el tema de las preguntas poderosas, te muestra la diferencia entre las preguntas cerradas y aquellas que te llevan a la acción. Por otro lado, te permite ver que lejos de entrometerse en la vida del otro, las preguntas poderosas lo que hacen es ayudarte a mirar de forma más clara el área y producir mejores resultados. A su vez damos una mirada a la conversación que Jetro tuvo con su yerno, Moisés, y cómo una serie de preguntas le llevó a trazar un plan exitoso, tan exitoso que hoy nosotros todavía estamos aprendiendo de su conversación.

Ahora que estás más preparada puedes practicar en la hoja de trabajo.

HAZLO PERSONAL

Preguntas poderosas

1- Luego de conocer el efecto que tuvieron las preguntas que Jetro le hizo a Moisés y el crecimiento en su liderazgo que este tuvo, ¿cuáles son aquellas preguntas que necesitas contestar para ver avanzado tu proyecto?

....

....

....

....

2- Apunta aquellas historias que más te hayan hecho meditar en ti misma en este capítulo.

....

....

....

....

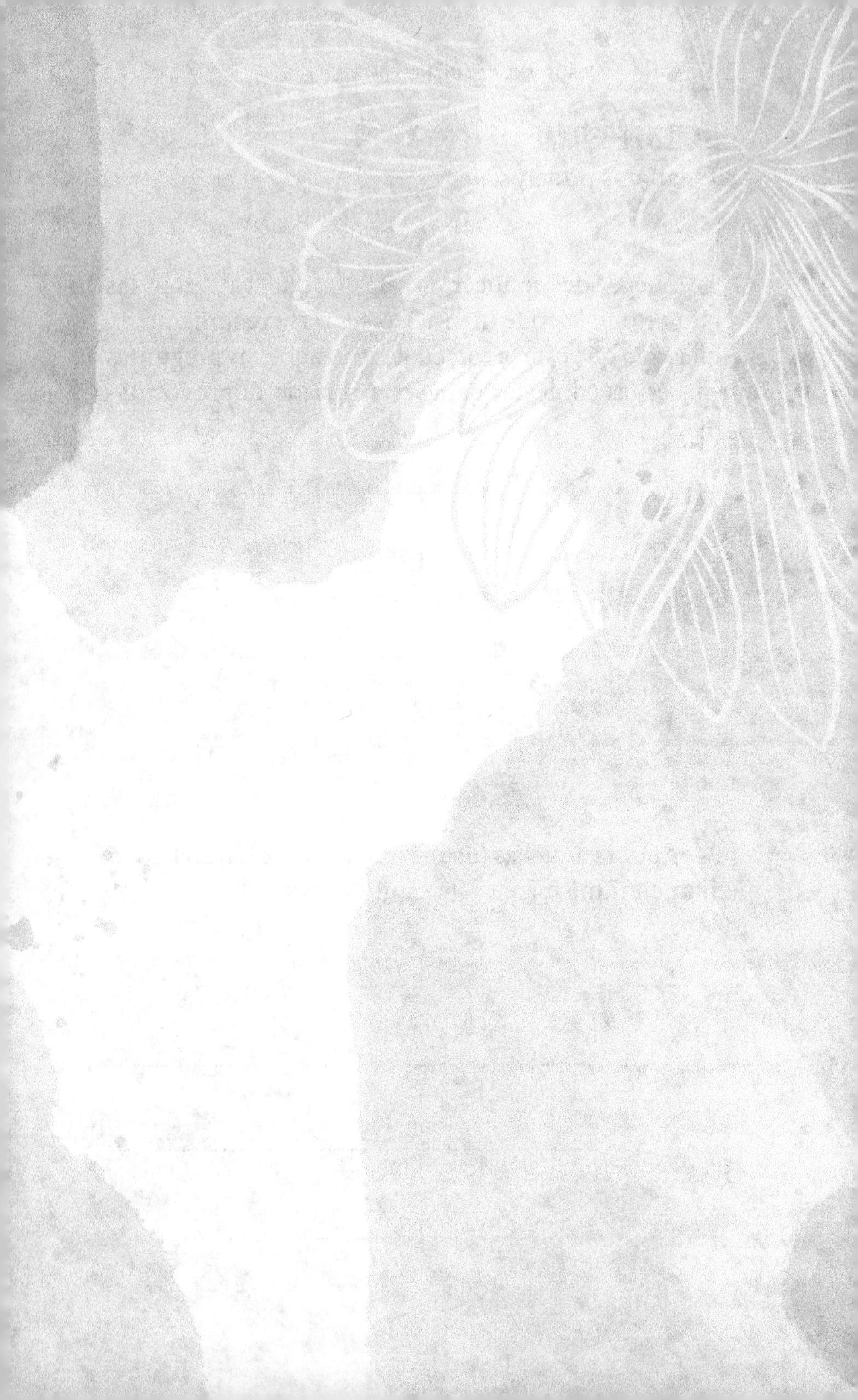

7
SALIR DE LA ZONA SEGURA: TIEMPO DE VOLAR

«El secreto es Cristo en mí, no "yo" en medio
de las diferentes circunstancias.»
Elisabeth Elliot

¿CON QUIÉN TE IDENTIFICAS?

Hace algún tiempo me contaron una historia, en verdad no sé bien el origen; al buscarla, la encontré contada de distintas maneras; pero para el fin de lo que intento que identifiques estará bien que te la cuente con los recuerdos que me han quedado de ella. Es interesante ya que se trata de unos halcones. ¡Presta atención!

Un rey tenía un especial gusto por los halcones y le gustaba verlos planear en las alturas. Cierto día le regalaron dos hermosos halcones jóvenes. ¡Imagina lo feliz que se encontraba el rey! ahora los vería planear para él. Pero las cosas no resultaron como esperaba, ya que el entrenador observó que había uno que volaba con facilidad, decisión y altura. Pero el otro no quería volar, se aferraba fuertemente contra las ramas con sus garras. Preocupado y temeroso, el entrenador le dejó saber esto al rey. Él, ofuscado, convocó a distintos entrenadores para que lo hicieran volar. También prometió premios y privilegios en su reino para quien lo lograra. Llegó gente de todos los pueblos vecinos; pero ninguno logró el objetivo. Por último, llegó un hombre pobre y de poco atractivo, al que el resto miró con sorpresa. El rey ya no tenía más esperanzas, así que decidió darle la oportunidad a este hombre. Al otro día, el rey miró sorprendido cómo los dos halcones volaban con confianza. El rey se dirigió a el hombre y le preguntó cómo había logrado eso, ya que ninguno de los convocados más preparados lo había logrado; el hombre le dijo:

—Sencillo, rey, solo le corté la rama; al notar que no tenía dónde apoyarse, comenzó a volar.

En la vida esto sucede muchas veces. Vivimos aferrados a las ramas que nos mantienen en un estado de comodidad y la costumbre nos hace vivir en una jaula, aun sabiendo que la puerta está abierta, porque creemos que es lo único que existe. Atrevernos a enfrentar el riesgo nos dará una nueva perspectiva en lo que hacemos y nos permitirá, como a esos halcones, disfrutar de cada logro. Es probable que las personas digan cosas de ti, aun que ellos mismos te digan que no lo hagas, que no trabajes en eso, que para qué intentar algo distinto; sin embargo, al dejar tu zona de seguridad te darás cuenta que, sin importar el resultado, te sentirás mejor por el simple hecho de haber tomado el reto. La incomodidad es necesaria si verdaderamente queremos un cambio.

¿Con quién te identificas? Por un lado tenemos a un halcón con el que a muchos le gustaría identificarse: un espíritu libre, enérgico, aventurero. También hay uno inseguro, arraigado en lo que conoce, probablemente con ganas de descubrir el mundo; pero su limitación mental no le permite salir a reconocer nada de lo que tiene cerca.

Entonces, dime querida lectora, ¿qué piensas respecto a salir de la zona de seguridad? Estamos llegando al final de nuestra conversación y es tiempo de empezar a tomar decisiones firmes. A mí me pasa a veces que cuando pienso en zona segura, puede que venga a mi mente algo cómodo, relajado, bienestar y disfrutar de la vida. Mas cuando me refiero a la zona de seguridad en este caso, tiene que ver con hábitos que no rompemos, costumbres de las que no salimos y el hecho de no salir de ellas nos impiden alcanzar distintos objetivos. Pensar en una vida así es demasiado desalentadora; todos los días lo mismo, nada nuevo, nada extraordinario, nada que nos empuje a aprender algo distinto. ¿Es eso lo que realmente quieres? Si decides que no, te invito a que sigas adelante conmigo y procures ser ese halcón que levanta vuelo. O tal vez te des cuenta que eres ese entrenador que se atrevió a cortar las ramas para impulsar al halcón a descubrir sus alas. Ilustro esto ya que el coaching se trata de generar cambios; se trata mucho de invitar a las personas a tener otro enfoque, a desafiar, a que se atrevan a aprender nuevas habilidades; incluso si hace falta, cambiar el rumbo de su vida.

¿Te da un poquito de vértigo esto? Es posible; sin embargo, para eso estará a tu lado ese coach, que no estará allí solamente para lanzarte al vacío, no nada de eso. Estará allí para crear una buena relación entre ustedes, una de confianza y conexión; por otro lado, te hará trabajar en tu confianza y te brindará las distintas opciones para que tú misma decidas soltar esa rama que te tiene amarrado; y si es necesario, se tirará contigo.

Es importante trabajar primero con la confianza, ya que la confianza o desconfianza están en nuestros propios pensamientos; así que si no trabajamos allí primero no disfrutaremos de la misma forma cuando salgamos de esa zona de confort. La autora Joyce Meyer nos da una observación muy valioso respecto a los pensamientos, lee conmigo lo que dice:

«No podremos aprovechar el día a menos que estemos dispuestos a dominar nuestros pensamientos de forma regular. Un hombre se convierte en lo que piensa, o como digo con frecuencia, a donde la mente va el hombre va. Usted puede determinar sus propios pensamientos. Puede escoger que va a pensar y hacerlo con todo cuidado. Es capaz de decidir si va a pensar en una cosa o no. Todos nuestros pensamientos son como semillas que sembramos, y ellos traerán una cosecha a nuestra vida.»[1]

Maravilloso, ¿verdad? ¡Qué increíble! Primero deberemos conquistar lo que hay en nuestra mente, y es allí donde nuestro coach nos dirigirá; estará usando preguntas poderosas para sacarnos de la rama donde nos aferramos por no querer volar.

El ser humano por un lado se aferra a lo conocido con gran firmeza, aun así en su interior hay una ilusión de saber ese algo más o para qué más de la vida, cuáles son aquellos desafíos que nos harán sentir que logramos volar con libertad y perspectiva nueva. Es cierto, puede que la persona tenga esa extraña tendencia a contentarse con lo mínimo, con lo que toque en suerte. Sin embargo y pese a todo, el ser empujado a salir de ese estado puede ser una experiencia y un disfrute que jamás imaginó.

«Recordando los primeros años de mi vida, recuerdo haber llegado en cierta ocasión a comprender, asombrado, que aun cuando había acumulado enormes cantidades de información sobre muchas cosas, jamás me había impelido realmente a ser un pensador enérgico. De vez en cuando me topaba con algún profesor que entreveía esa visión limitada y me empujaba hacia la excelencia. Nunca deje de preguntarme porque apreciaba más a esos educadores que a los demás. Era verdaderamente

1 Joyce Meyer, Aproveche su día, (Casa Creación, 2016),204

divertido ser empujado a esforzarme y que lograra sacar de mi algo mejor que el promedio.»[2]

Estoy convencida de que este pensamiento de Gordon MacDonald puede ser el de mucho de nosotros. Qué divertido y cuánta emoción se tiene cuando nos damos cuenta que nos han estirado como elástico y encontramos virtudes y talentos que no sabíamos que teníamos. Algunos de los que han sido estirados como elástico fueron las personas que en este último tiempo fueron desafiadas a aprender a navegar en las redes sociales, cómo enviar correos electrónicos o entrar en alguna plataforma para una reunión, algunos de trabajo y otros por aprendizaje. Digamos que no les quedaba otra alternativa o avanzaban o quedarían presos de su miedo sin saber qué hacer. Como testigo de estos acontecimientos, sé que a algunos les fue más fácil, otros necesitaron mayor ayuda y acompañamiento, aun así ambos obtuvieron el mismo resultado, lograron salir de esa rama que era su zona segura cuando alguien decidió cortarla. Además de lograr satisfacción por el logro, consiguieron seguridad de sí mismos, ya que comenzaron a sacar los pensamientos de temor que mencionábamos antes.

Pues bien, si ya hiciste tu primer parte del ejercicio, ahora vamos por la segunda parte. Quiero que te mires como en la historia del halcón. ¿En dónde te encuentras? ¿Cuál es tu papel en esa historia? Si ya tienes la respuesta,

2 Gordon MacDonald, Ponga orden en su mundo interior, (Nashville, TN: Editorial Caribe,1989),100.

ahora puedes avanzar en la dirección correcta. Si eres el halcón que no logra salir de la rama, quiero invitarte a que comiences a trabajar en tu mente. Piensa qué es lo mejor que podría pasar si sales de allí y a qué zona te gustaría llegar. Vamos, anímate, comienza a trazar un plan, busca ayuda si hace falta, pero no te quedes, la vida es tan hermosa y es importante saber volar para disfrutarla mejor.

«Podremos tener nuevas y valiosas experiencias entre ellas darnos cuenta que movernos de nuestro lugar de seguridad no nos destruye. Cuando abandonamos repetidamente nuestra zona de confort, enseguida nos damos cuenta de que la incomodidad no es tan mala, que no nos destruye y que tiene sus ventajas. Lo sorprendente de aumentar nuestro grado de autoconocimiento es que el mero hecho de pensar en ello nos ayuda a cambiar, a pesar de que al principio centramos la mayor parte de nuestra atención en lo que hacemos mal.»[3]

¡Mira todo lo que podemos obtener cuando salimos de esa zona segura a la que nos aferramos, podremos crecer en muchas áreas y esto comienza desde nuestro ser! Permíteme contarte la historia de un hombre que fue desafiado a salir de su zona de confort pese a todos los peligros. Después de leerla con cuidado y detenimiento, piensa en ti y cómo te verás si sales.

---

3 Travis Bradberry. Jean Greaves, Inteligencia emocional 2.0: Estrategias para conocer y aumentar su coeficiente. Edición: Conecta. Kindle, cap.6

UN PATRIARCA OBEDIENTE Y DECIDIDO A SALIR DE SU ZONA SEGURA

Hace muchos años atrás hubo un hombre que estaba siendo desafiado a salir de su zona segura; se le pedía alejarse de su familia, su lugar de nacimiento, de la tierra que el conocía y donde podía trabajar, e ir rumbo a un lugar desconocido, sin un mapa o GPS que le dijese con que se podía encontrar en el camino. ¿Te imaginas eso? Para aquellos que nos ha tocado desarraigarnos de nuestra tierra de origen, nuestra familia y amigos, entenderemos el gran desafío que tuvo que enfrentar este varón. Nuestra tierra es nuestro lugar, allí esta nuestro corazón, hay una conexión muy fuerte y por eso resulta tan difícil dejarla. Lo mismo pasa con la familia y amigos; como seres humanos nos aferramos a lo que tenemos, no queremos soltarlos y eso hace que no nos demos la oportunidad de ampliar nuestros horizontes, hasta a veces por aferrarnos les impedimos a los otros volar.

Volviendo a la historia, imagínate a este hombre y su esposa empacando todo para trasladarse; no eran solo algunas maletas, era todo. No tenían avión ni autobús, de hecho no tenían señales en su carretera, la señal que tenía era la confianza en el Dios que le dijo que saliera. Esta impresionante historia se encuentra en el libro de Génesis 12. El patriarca Abram fue llevado por Dios a separarse de su tierra, parentela, la casa de su padre, para así alcanzar una promesa. Te animo a observar conmigo cómo el salir del lugar conocido puede representar un gran desafío en cualquier tiempo y para cualquier persona; sin embargo, para aquellos que se atreven a dar un paso, podrán gustar de nuevas oportunidades, para ellos y aun para los que los rodean ya que nuestro cambio puede invitar a otros a *cortar la rama.*

Abram hizo un peregrinaje acompañado de una palabra que Dios le dio, con un llamado que brindaba esperanza. Es muy probable que estés pensando que eso fue para Abram, no para ti, que eso fue hace tantísimos años y no tiene relación alguna con nosotros hoy. Sin embargo, esta historia nos enseña la cantidad de alternativas que nos puede ofrecer el ser desafiados a un cambio, a salir, a volar.

SEÑALES QUE ME DIRÁN SI ESTÁS EN UNA ZONA SEGURA

Probablemente ya hayas entendido que la zona de seguridad no es tanto un lugar físico, más bien un estado mental donde la persona procura que nada le dé ansiedad o miedo, y para esto usa el mismo comportamiento día tras día, consigue rendimiento sin correr ningún tipo de riesgo. De alguna manera esto hace que se sienta confortable y seguro, aunque requiere esfuerzo mantener ese estado de quietud.

Es bueno entender que este estado también comienza a provocar apatía y un vacío existencial, impidiendo el crecimiento personal, ya que hace que no tomemos nuevas decisiones que nos permitan correr las murallas de nuestra zona. Entonces, ¿cómo podemos saber si nos encontramos en una zona de seguridad? Hay señales que nos mostrarán una luz roja en nuestra vida, tal vez una luz amarilla para que ya comencemos a prestar atención.

Algunas de estas señales son:

- Desmotivación que impide crecer profesional y emocionalmente.

- Estar metido siempre en la misma rutina, pero con miedo al cambio por el riesgo que eso implica.

- Evitar el contacto con la comunidad o con cualquier situación que los saque de lo que conocen. A esto puede acompañarlo una sensación de tristeza y soledad al no poder llenar ese deseo que bien podría llevar a una depresión.

La buena noticia es que se puede salir de la zona segura. Si has identificado que algunas de las señales están en tu vida, estás lista para dar el primer paso con o sin miedo. Si pretendes hacerlo sola puede resultarte bastante complicado, es por esta razón que te sería beneficioso buscar un coach quien podrá ayudarte en ese proceso. Igualmente rodéate de amigos y familiares que te acompañen en el cambio. Es bueno entender que en el camino de la vida no estamos solos. Un coach te ayudará a reconocer tus barreras mentales, tus miedos y aquellos pensamientos que te limitan y quieren paralizarte, también te acompañará a hacerles frente.

Pisar un terreno nuevo puede hacer que nos sintamos ansiosos o preocupados, no hay nada malo en esto, el punto es que no te paralice; ahora sabes que puedes caminar en un terreno nuevo y disfrutar del trayecto y la experiencia. También debes saber que puedes equivocarte, no hay nada malo en eso, es parte del aprendizaje que nos llevara al éxito deseado; la vida cambia constantemente y debemos estar dispuestos a crecer en medio de los cambios.

CONCLUSIÓN

Para establecer pautas claras sobre la forma de salir de la zona segura, es necesario que conozcamos cuales son las características de estar allí o que nos pueden estar avecinando a entrar en ella. Es por esto que como coach intento ayudarte a desenmascarar lo que les sujeta a la rama y les impide volar.

Ya que hemos llegado al final de esta conversación y seguro has tenido que tomar más de una taza de café, procuro dejarte con algunos ejemplos de aquellos que se atrevieron al cambio y también con una palabra de ánimo. El apóstol Pablo escribió en su carta a los filipenses unos versículos tan apropiados para este momento: «El que comenzó en vosotros la buena obra, la perfeccionara hasta el día de Jesucristo» (1:6). Esto quiere decir, amiga, que tienes que dar ese paso de decisión y ser consciente que esto será un proceso continuo y constante; con el acompañamiento de tu coach y con el Espíritu Santo, como el mejor de los compañeros, alcanzarás esas metas que te trazas.

Salir de la zona segura: Conoce qué hay afuera. ¡Vuela!

Llegamos al final y es su turno de identificar y liberar lo que haga falta para volar.

HAZLO PERSONAL

Ya tienes experiencia para hacer esta parte. Sé honesta, franca, abierta. Reconoce lo que haga falta. ¡Adelante, podemos hacerlo!

1- Identifica tu zona de seguridad, ¿cuál es la rama a la que te aferras?

....

....

2- ¿Te gusta estar ahí?

....

....

3- Si lograste identificarla y además no quieres estar allí, comienza a visualizarte en el lugar donde quieres estar.

....

....

4- Siente tus emociones, tu cuerpo. ¿Hay entusiasmo, alegría y satisfacción por ver lo nuevo que puedes hacer?

....

....

UNAS PALABRAS FINALES

Llegamos al final de esta hermosa conversación. Gracias por acompañarme. Es mi anhelo que hayas podido aprender, entender y ser desafiada. No quisiera despedirme sin antes decirte que cada herramienta que compartí son útiles, valiosas y pueden dar éxito. Te presenté un coaching con principios bíblicos, esto no era por mostrar un versículo de vez en cuando, sino porque cada herramienta la pudimos ver en distintas historias e incluso pudimos ver a Jesús como el gran compañero. ¿Quién no querría tener un coach así, verdad? Bueno, como no quiero quedar en deuda contigo, estoy aquí para presentarte a Jesús.

La Biblia dice que ya que todos pecamos, necesitamos un salvador, un redentor, alguien que pague el precio por nosotros. Ese es Jesús, Él pagó el precio. Ahora, si tú nunca aceptaste a Jesús como salvador de tu vida, hoy puedes hacerlo ya que necesitas nacer de nuevo. Tal vez te acuerdes de la historia de Nicodemo que compartimos; él necesitaba entender muchas cosas y una de las que no entendía era «nacer de nuevo» (Juan 3:3-9). Jesús le explicó que además del nacimiento físico que todos tenemos, él también necesitaba un nacimiento espiritual, y le dijo que Dios lo había enviado a este mundo (Juan 3:16) para que creyera en Él y así recibir la vida eterna.

Esta oportunidad es para ti hoy, si quieres puedes obtener esa vida eterna. Jesús ya pago el precio, Él murió por ti y por mí. Pero también resucitó para que tú y yo podamos tener salvación, perdón de pecados y vida eterna. Si quieres recibir a Jesús en este día, te invito a hacer esta oración sencilla conmigo, tu vida nunca más será igual.

Amado Dios, reconozco que soy una pecadora, que necesito tu gracia y tu perdón en mi vida. Te pido que entres en mi corazón y en mi vida, que perdones todos mis pecados; cada cosa que he hecho y no te agradó, bórralas. Quiero nacer de nuevo, por favor, anota mi nombre en el libro de la vida, en el nombre de Jesús. Amén.

Querida amiga, si hiciste esta oración por primera vez, ahora además de amigas somos hermanas a través de Jesús. Para que tu vida espiritual crezca y puedas madurar en la fe es importante que encuentres un lugar en donde congregarte. Si hiciste esta oración, házmelo saber, me gustaría saber de ti, orar por tu vida y, si necesitas, buscar una iglesia, te puedo guiar.

En Cristo siempre, Claudia.

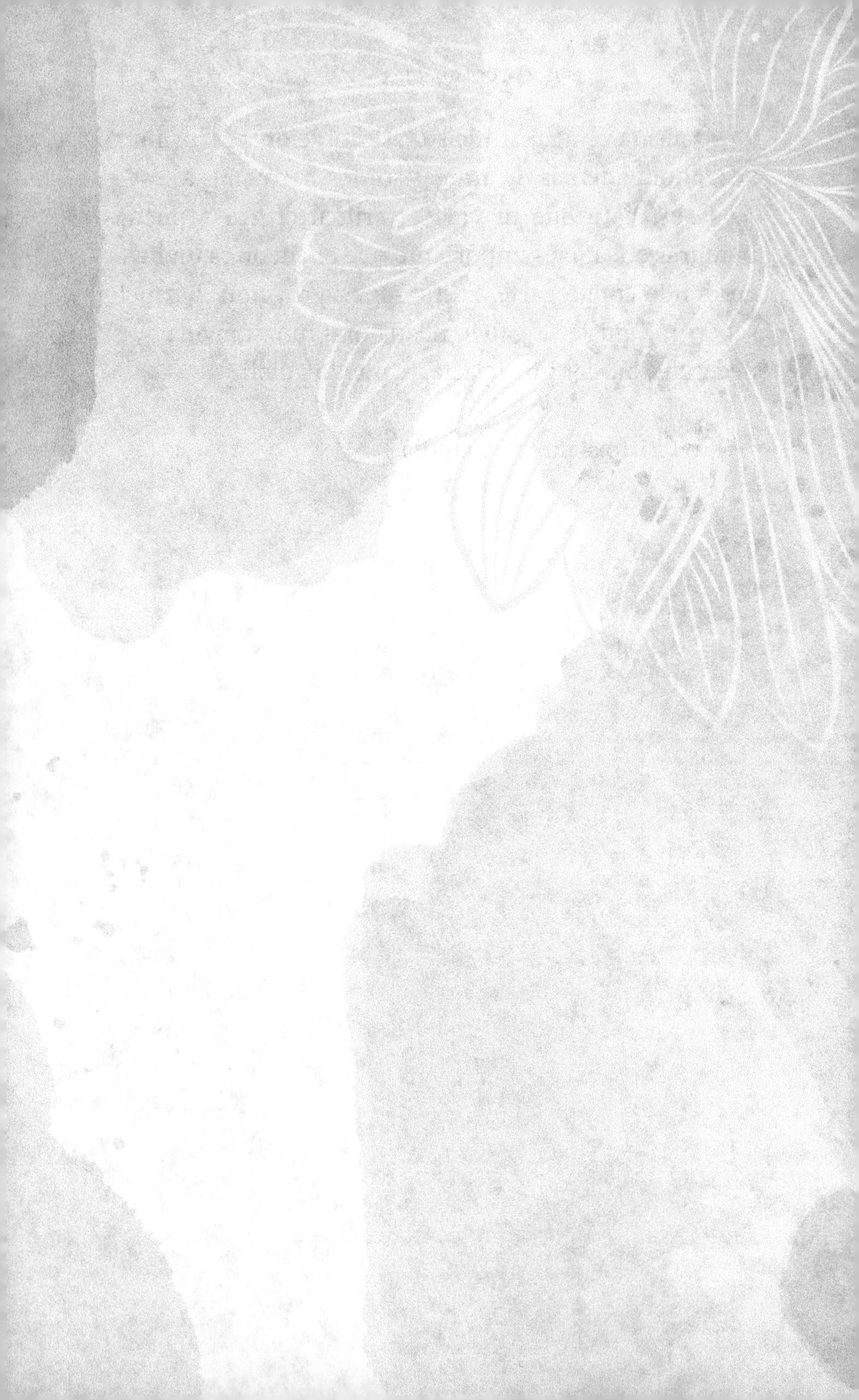

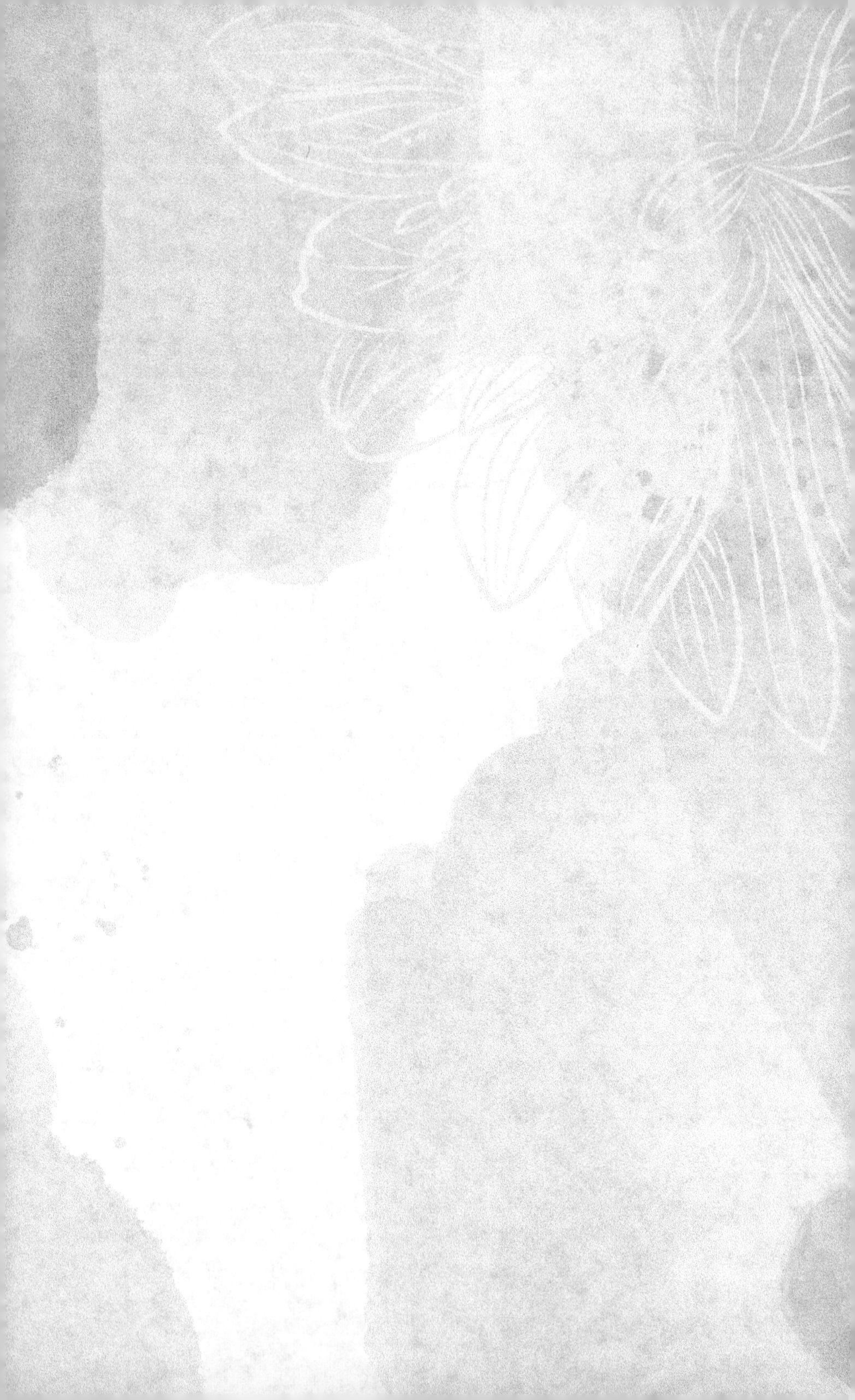

Acerca de la Autora

Claudia González nació en Argentina. Junto a su esposo aceptó el desafío de prepararse para el ministerio, por esta razón viajaron a Estados Unidos, en donde estudió Educación Cristiana en el Colegio Bíblico en Texas. Después de esto viajaron a Pensilvania como plantadores de iglesias. Claudia tiene un Máster en Divinidad del Seminario Wesley de la Universidad Wesley de Indiana, también una licenciatura de Coaching de la Academia de Coaching Americana de Miami. Su pasión por el aprendizaje y ayudar a las personas con las mejores herramientas es lo que la impulsa a una preparación constante.

Actualmente Claudia vive junto a su esposo Paulo Carlos con quien tiene dos hijos: Joana y Máximo, quienes son su razón de sonreír. Radica en la zona de Reading Pensilvania, donde ella y su esposo pastorean la iglesia El Pórtico.

Para más información y contacto:

Claudia González
E-mail: claudiadejesus10@gmail.com

Mis Notas

Mis Notas

www.ingramcontent.com/pod-product-compliance
Lightning Source LLC
LaVergne TN
LVHW020048110826
845155LV00029B/676

* 9 7 8 1 9 5 3 6 8 9 7 4 0 *